诚信为本

坚持准则

操守为重

不做假账

——与学习会计的同学共勉

金税财务应用
1+X 证书制度系列教材

金税财务应用
综合实训案例

航天信息股份有限公司 编

（中级）

高等教育出版社·北京

内容简介

本书是金税财务应用1+X证书制度系列教材，也是《金税财务应用（中级）》教材的配套实训案例。

本书以南京长风汽车有限责任公司为主体，按照《金税财务应用职业技能等级标准》规定的职业技能要求及现行的相关法律法规，设计了涵盖资金筹集、资产采购、成本核算、产品销售、利润分配、纳税申报及数据分析等在内的系列业务，有针对性地进行典型工作任务训练。不同于《金税财务应用（中级）》教材以工作领域归集知识点，进行单项训练的教学方式，本书以企业经营时间为引线，将所有涉及的典型任务穿插在时间轴上，指导学生进行实训操作，帮助学生更好地掌握《金税财务应用职业技能等级标准》对应的中级岗位群所必需的职业技能。

本书配有案例标准答案，学习者可以通过扫描书中的二维码进行查看。资源具体获取方式请见书后"郑重声明"页的资源服务提示。

本书对实际工作还原度较高，且工作任务覆盖面较广，既可以作为应用型本科、高等职业院校、中等职业院校财税类相关专业学生的实训类课程教材，也可以作为从事财税类相关工作人员的参考资料及培训用书。

图书在版编目（CIP）数据

金税财务应用综合实训案例：中级 / 航天信息股份有限公司编. --北京：高等教育出版社，2021.2
　　ISBN 978-7-04-055173-0

Ⅰ. ①金… Ⅱ. ①航… Ⅲ. ①财税－高等职业教育－教材 Ⅳ. ①F810

中国版本图书馆CIP数据核字（2020）第203058号

金税财务应用综合实训案例（中级）
JINSHUI CAIWU YINGYONG ZONGHE SHIXUN ANLI（ZHONGJI）

策划编辑	武君红	责任编辑	黄 茜	封面设计	王 洋	版式设计	杜微言
插图绘制	邓 超	责任校对	刘娟娟	责任印制	田 甜		

出版发行	高等教育出版社	咨询电话	400-810-0598
社　　址	北京市西城区德外大街4号	网　　址	http://www.hep.edu.cn
邮政编码	100120		http://www.hep.com.cn
印　　刷	北京市白帆印务有限公司	网上订购	http://www.hepmall.com.cn
开　　本	787mm×1092mm 1/16		http://www.hepmall.com
印　　张	8.75		http://www.hepmall.cn
字　　数	180千字	版　　次	2021年2月第1版
插　　页	1	印　　次	2021年2月第1次印刷
购书热线	010-58581118	定　　价	28.00元

本书如有缺页、倒页、脱页等质量问题，请到所购图书销售部门联系调换
版权所有　侵权必究
物 料 号　55173-00

金税财务应用1+X证书制度系列教材

编写委员会

顾　　问：

樊　勇（中央财经大学财政税务学院党委书记，中国税务学会学术委员会副秘书长）

杨则文（广州番禺职业技术学院财经学院院长，全国财政职业教育教学指导委员会副秘书长）

主任委员： 郭　悦

副主任委员（按汉语拼音排序）：

付佰花　冯秀娟　葛长银　刘海湘　牛　戈　秦　燕

于　玥　张　敏　张亚兵

委　　员（按汉语拼音排序）：

卞　辉　卞艳艳　陈桂红　董　哲　付雪婷　顾一男

郭家欣　顾培培　韩华义　黄菊英　康晋荣　李红群

李金莲　李静敏　刘海超　刘英杰　刘宇扬　毛爱武

毛智敏　南伟伟　权　婧　史国英　谈　斌　王如意

吴尚昊　于海勇　赵国庆　张文华　庄　骅　周化龙

联合建设院校（按汉语拼音排序）：

北京经济管理职业学院

长沙民政职业技术学院

长沙商贸旅游职业技术学院

常州工程职业技术学院

重庆城市管理职业学院

大连职业技术学院

福建江夏学院

广西金融职业技术学院

贵州商学院

河北交通职业技术学院

河南经贸职业学院

黑龙江农垦职业学院

惠州经济职业技术学院

江苏信息职业技术学院

酒泉职业技术学院

辽宁经济职业技术学院

宁夏财经职业技术学院

青岛华夏职业学校

山东经贸职业学院

山西省财政税务专科学校

四川商务职业学院

苏州工业职业技术学院

武汉市财政学校

芜湖职业技术学院

西安培华学院

宜春职业技术学院

云南经济管理学院

余姚市职业技术学校

枣庄职业学院

郑州财税金融职业学院

总　序

2019 年 2 月，国务院印发《国家职业教育改革实施方案》（简称"职教 20 条"），明确指出："深化复合型技术技能人才培养培训模式改革，借鉴国际职业教育培训普遍做法，制订工作方案和具体管理办法，启动 1+X 证书制度试点工作。"

1+X 证书制度是"职教 20 条"的一项重要创新，党中央、国务院高度重视 1+X 证书制度的试点工作。2019 年 3 月 5 日，李克强总理在政府工作报告中强调，加快发展现代职业教育，既有利于缓解当前就业压力，也是解决高技能人才短缺的战略之举，要求加快学历证书和职业技能等级证书互通衔接。

2019 年 4 月 4 日，教育部、国家发展改革委、财政部、市场监管总局联合印发《关于在院校实施"学历证书 + 若干职业技能等级证书"制度试点方案》，明确指出："落实职业院校学历教育和培训并举并重的法定职责，坚持学历教育与职业培训相结合，促进书证融通。"

国家相关部门之所以出台这一系列文件，是由于在社会发展进程中，人才是推动社会经济增长、文明进步的重要力量，而当今科学飞速发展带来的技术革命，使我国的各个领域对人才的需求都发生了变化。尤其是财税领域，在最新一轮的全面深化改革中，税收被提升到国家治理的基础和支柱这一新高度，在税收管理的发展中，金税工程一直都发挥着巨大作用。它是一项通过信息化、专业化重组政府业务流程，提高行政管理水平和效率的税收管理信息系统工程，其覆盖全业务流程，实现跨税种、跨纳税环节信息共享及与第三方信息交互的特点，对企业日常税务管理工作产生了极其深远的影响。这使企业税务管理战略转型迫在眉睫，要求企业税务管理人才结构从税务事项办理、税务会计核算及税务筹划与风险管控等方面进行重塑。为此，作为一家几十年如一日奋战在财税行业一线的大型上市央企，航天信息股份有限公司在国家政策指导下，通过对大型、中小型及微型企业的充分调研，设计了金税财务应用职业技能等级证书认证培训体系，以实现财税人才阶梯化培养，为企业输送符合财税职业技能要求的复合型技术技能人才的目标。

金税财务应用是指纳税人依托"金税工程"信息系统，完成企业基础办税业务，如工商事项登记、税务事项登记等工作；通过财务软件生成的财税数据信息，实现与"金税工程"信息化系统的数据传递，从而完成税务机关的信息采集；借力"金税工程"信息系统构建的纳税人信用等级评价体系，推动企业建立健全税务风险控制机制。该职业技能等级证书认证培训体系涵盖财税专业知识、职业素养和技能操作，分为初级、中级、高级三个级次，均从企业财税工作岗位职业能力出发，培养目标由易到难，层层递进，从课程内容、实践操作、核心能力培养等方面，对接并补充细化职业院校会计专业教学标准中强调的"具备涉税事务处理能力，能够正确计算各种税费，并进行规范申报，能够进行基本的纳税筹划和纳税风险控制能力"的要求，将证书初级、中级、高级三个级次的人才培养目标设计为：

金税财务应用职业技能等级证书（初级），旨在培养熟悉税务事项相关法律、法规与企业办税流程，借助电子政务系统、税务信息化系统，可以独立完成企业工商事项登记、纳税事项登记、增值税发票日常管理等财税工作的办事能力。

金税财务应用职业技能等级证书（中级），旨在培养具有较高水平职业判断能力，借助税务信息化系统、财务管理软件，可以独立完成会计账务处理、财税报表申报及税务数据信息监督与管理的财税协同业务处理能力。

金税财务应用职业技能等级证书（高级），旨在培养具有全局意识，借助税务信息化系统、财务管理软件和企业风险预警系统，运用财税数据进行企业年度纳税申报、税务规划、税务风险识别与管控以及税务管理制度建设的税务管理能力。

金税财务应用1+X证书制度系列教材是金税财务应用职业技能等级证书认证培训体系的重要组成部分，按照不同级次分别对应开发出版了《金税财务应用（初级）》《金税财务应用综合实训案例（初级）》《金税财务应用（中级）》《金税财务应用综合实训案例（中级）》和《金税财务应用（高级）》《金税财务应用综合实训案例（高级）》。本套教材囊括了现行的财税专业知识、职业素养和技能操作，并具有如下特色：

1. 内容求新

近年来，会计准则与税收政策的频繁修改，财税业务模式的高度信息化，都需要相关课程与教材内容及时更新，与之保持同步。金税财务应用系列教材中涉及的财税理论均依据最新的会计准则、税收政策法规编写而成，实训操作也能够与国家税务信息化系统发展保持一致，以便保持院校课程及教材内容的时效性。

2. 内容求实

财税专业具有很强的实操性，若课程过于强调理论讲解，则不能很好地践行"理实合一"。因此金税财务应用系列教材以企业财税岗位职业技能要求为准，使初级认证教材对应企业基本岗位职业技能、中级认证教材对应核心岗位职业技能、高级认证教材对应管理岗位职业技能，通过大量典型工作任务详细介绍企业各阶段相关业务的财税处理方法，高度还原企业财税岗位人员的实际工作过程，实事求是地将一线人员的工作"移植"到课程与教材中来，通过该认证培训很好地践行"理实合一"，使教学内容与企业实务工作紧密衔接。

3. 内容求真

随着社会经济、科技的发展，企业财税岗位设置由过去的"重核算，轻税收"过渡为"核算与税收并重"的现状。很多企业单独设置了税收专门岗位，处理企业税务事项。即使未设置税收专门岗位的企业，也对兼任税务工作的会计岗位人员的税务事项处理能力提出了较高的要求。因此，金税财务应用系列教材模拟企业真实工作场景，在院校开设的财税类课程基础上，着重税务实践操作能力、纳税筹划能力以及税收风险控制能力的培养，使学生在有限的时间中通过大量针对性极强的实务训练了解企业财税岗位职责，强化财税岗位职业能力，提高核心竞争力。

金税财务应用 1+X 证书制度系列教材在编写中汇集了众多财务、税务、风险控制等领域专家，他们或奋战在教学一线，或活跃在财税工作一线，具有丰富的教学及实战经验。本系列教材花费了专家们大量的时间与精力，既凝结了以往的经验，也尝试了许多创新之举，在此对广大财经税务行业企业、院校相关领导专家的支持与帮助深表感谢。希望本系列教材的出版能够为培养财税类高技能人才提供帮助。

航天信息股份有限公司编写组

二〇二〇年六月

前　言

　　《金税财务应用综合实训案例（中级）》是《金税财务应用（中级）》教材的配套实训案例集。

　　本书根据企业经营过程中的业务发生时间线及业务发生逻辑，还原企业经营周期中的各种工作场景，并依托工作场景设计出93个典型工作任务，涉及"金税三期"税务信息系统、企业财务管理软件及企业办公软件等财税岗位工作人员必备软件工具的操作训练。通过针对这些典型任务的训练，可以使学生将理论知识与实际操作充分结合，达到"夯实理论基础，熟练系统操作，提高业务能力"的目标，帮助学生完成从书本知识到岗位实践的最后一步。

　　本书具有如下特色：

　　1. 项目导向，任务驱动

　　以完成现实的典型工作过程为任务，以任务引领知识、技能和方法，让学生在完成工作任务的同时，训练技能，提升他们的专业能力、社会能力及方法能力。

　　2. 条理清晰、流程再现

　　每笔业务的设计均体现了财税一体化协同处理，并配备了大量真实的票、账、证、表等会计资料，业务脉络清晰，循序渐进，满足了学生的实践需求。

　　3. 案例丰富，操作性强

　　本书按业务链条及时间顺序，对每一典型工作任务设计了大量的业务案例，尽可能将现实财税工作中常见的财税问题展现在学生面前，使学生通过实际训练获得更多实践经验。

　　由于我国财税政策的不断变化，本书政策截止到2020年4月。本书由航天信息股份有限公司编写组共同努力完成，感谢大家的辛苦付出。但是由于行文时间仓促，其中难免有错漏之处，还请批评指正。

　　最后，让我们一起随着书中案例及业务，开始学习，祝大家有一个愉快的学习过程，并顺利通关！

航天信息股份有限公司

二〇二〇年十一月

目　录

【实训目的】

与财税相关的工作岗位大多需要非常丰富的实践经验，但学生恰恰缺乏实践经验，因此学生可以在学校中就开始通过参加实训课程，以模拟实际工作场景的方式来认识财税工作，并积累一定的操作经验。在《金税财务应用（中级）》中，已经以分模块的形式开展实训训练，使学生掌握每一个工作领域中的典型任务的操作要点、操作流程，但是企业日常工作中，财税基础岗位中的各项工作任务会随机出现，因此学生需要适应所有工作交叉进行。《金税财务应用综合实训案例（中级）》按照企业日常工作，高度模拟业务开展流程，使学生训练后达到如下目的：

1. 提高学生对企业日常财税工作的认知；
2. 提高学生独立完成企业日常财税工作任务的操作能力；
3. 培养学生在工作中能够统筹安排，兼顾各项任务的能力；
4. 培养学生在工作中做出职业判断、形成职业思维的能力。

【实训背景】

企业基本信息

一、企业概况

南京长风汽车有限责任公司（以下简称长风公司）成立于 2015 年 11 月，已申请注册"长风"汽车商标，是一家以汽车的生产和销售为主的现代化企业。公司每道生产工序都有严格的质量控制和生产管理措施，质量已通过 ISO9001 质量体系认证。产品为长风牌 CF6456（CRV_1.6）小轿车。

1. 工商税务信息

企业名称：南京长风汽车有限责任公司

电话：025-61357777

统一社会信用代码：91320115201066666B

企业类型：有限责任公司（法人独资）

法人代表：郭一冰

身份证号码：320100197012133061

经营范围：汽车的生产与销售

会计核算方式：按照企业会计准则独立核算

经营期限：长期

投资人：南京长风汽车集团

注册资金：人民币壹亿元

注册地址：南京市江宁区长风路 29 号

邮编：211100

开户银行：中国工商银行南京长风路支行

账号：6320 1001 3333 4444 666

纳税人类型：一般纳税人

主管税务局：国家税务总局南京市江宁区第一分局

2. 公司主要机构设置和人员配置

长风公司主要设行政部、生产部、运营部三大部门。生产部下设三个车间，其中，涂装车间、总装车间为生产车间，维修车间为辅助生产车间。公司主要机构设置和管理人员配置详见表1。

表 1　公司主要机构设置和管理人员配置表

序号	部门名称		职务	职员姓名
1	行政部	总经办	总经理	郭一冰
2			主管	王兴华
3		财务部	经理	王苗
4			主管	李丽
5			出纳	马晓芝
6			会计	伊正青
7			办税员	马进
8		人事部	经理	刘宇
9			主管	于晓鑫
10	生产部	涂装车间	主任	吴洋阳
11		总装车间	主任	方保国
12		维修车间	主任	葛青青
13	运营部	采购部	经理	徐小夏
14				
15		营销部	经理	章露
16				
17		仓储部	经理	金信
18				

二、公司会计制度设置情况

公司执行新企业会计准则，会计核算健全。

1. 记账本位币：人民币（核算中金额计算保留至分位）。

2. 记账文字：中文。

3. 会计核算形式：采用科目汇总表核算形式。

4. 假定应收款项不存在重大融资成分，公司均按照整个存续期的预期信用损失计提坏账准备，坏账损失采用备抵法。

5. 存货（原材料、周转材料、库存商品）按照实际成本进行日常核算，存货出库（原材料、库存商品）采用先进先出法，低值易耗品采用一次摊销法。公司管理和产品用水直接从自来水公司购买，管理和生产用电直接从供电公司购买。

6. 生产车间为组织和管理生产所发生的各项费用在"制造费用"账户的借方归集，并按生产车间设置明细账，制造费用按产量在本车间不同产品之间进行分配。

7. 辅助生产车间发生的费用在"辅助生产成本"账户的借方归集，并按辅助生产车间设置明细账，采用直接分配法进行分配。

8. 产品成本核算采用品种法，完工产品与在产品成本分配采用在产品按原材料成本核算。

9. 固定资产折旧采用年限平均法。折旧年限分别是房屋建筑物为50年，机器设备为10年，车辆为8年，办公设备为3年，办公家具为5年。

10. 无形资产摊销采用直线法。摊销年限为10年。

11. 公司按有关规定根据职工上一年平均应付工资的一定比例计算缴纳社会保险费和住房公积金，分别由企业和个人负担。由企业和个人负担的社会保险费、住房公积金分别通过"应付职工薪酬""其他应付款"科目进行总账和明细账核算。五险一金计提比例如表2所示。

表2　五险一金计提比例表

项目	企业负担	个人负担	小计
基本养老保险	16.00%	8.00%	24.00%
医疗保险（含生育保险）	9.80%	2.00%	11.80%
失业保险	0.50%	0.50%	1.00%
工伤保险	0.20%	—	0.20%
住房公积金	12.00%	12.00%	24.00%
合计	38.50%	22.50%	61.00%

12. 工会经费和职工教育经费分别按扣除福利费应付工资总额的 2%、8% 计提，职工福利费不预提，按实际发生金额列支。

13. 公司每年按当年税后净利润的 10% 计提法定盈余公积，不计提任意盈余公积。计提法定盈余公积后的利润按股东持股比例进行股利分配。

三、公司适用税收制度情况

假设公司不享受任何税收优惠政策。

1. 增值税政策：公司为增值税一般纳税人，销售产品适用增值税税率为 13%，纳税期限为一个月。

2. 消费税政策：消费税税率为 5%。消费税纳税期限为一个月。

3. 所得税政策：公司企业所得税税率为 25%，根据当季实际利润预缴，年末汇算清缴。公司代扣代缴个人所得税。

4. 其他税政策：公司适用的城市维护建设税税率为 7%，教育费附加征收率为 3%，地方教育费附加为 2%，房产税从价计征方式下税率为 1.2%，城镇土地使用税年税额为 5 元 / 平方米，印花税税率详见具体业务，除此以外不考虑其他税种。

四、会计核算资料

1. 2020 年 12 月 1 日总账、明细账期初余额资料如表 3 所示。

表 3　期初余额明细表

项目	总账科目	二级明细科目	三级明细科目	余额 / 元	余额方向	备注
资产	库存现金			35 000.00	借	
	银行存款	中国工商银行	人民币	6 586 119.38	借	
	其他货币资金	存出投资款		500 000.00	借	
	应收票据			3 503 000.00	借	辅助核算
	应收账款			8 757 500.00	借	辅助核算
	坏账准备			61 302.50	贷	
	应收利息				借	
	其他应收款	葛青青		3 500.00	借	
		张喜乐		5 000.00	借	
		付翔		2 500.00	借	

项目	总账科目	二级明细科目	三级明细科目	余额 / 元	余额方向	备注
资产	原材料	原料及主要材料	发动机总成	7 475 000.00	借	650 个
			变速器总成	5 330 000.00	借	820 个
			前桥总成	2 550 000.00	借	300 个
			后桥总成	6 150 000.00	借	820 个
			制动系	9 020 000.00	借	820 个
			车架总成	8 200 000.00	借	820 个
			车身总成	3 960 000.00	借	450 个
			车轮总成	1 230 000.00	借	820 个
			牵引装置	875 000.00	借	350 个
			液压系统	1 230 000.00	借	820 个
			电器总成	690 000.00	借	920 个
			空调音响	5 700 000.00	借	3 000 个
			缸体	3 000 000.00	借	1 000 个
			增压器	1 500 000.00	借	1 000 个
			缸盖	800 000.00	借	1 000 个
			凸轮轴	2 500 000.00	借	1 000 个
		辅助材料	汽车金属漆	1 488 000.00	借	
			A 型螺钉	542 500.00	借	
			B 型螺钉	215 760.00	借	
			C 型螺钉	858 000.00	借	
			D 型螺钉	1 082 400.00	借	
	周转材料	包装物	气泡袋	40 000.00	借	1 000 卷
		低值易耗品	防冻液	29 760.00	借	
			助力油	16 400.00	借	
			玻璃水	12 300.00	借	
			润滑油	123 000.00	借	
			工作服	30 000.00	借	100 套
			工作鞋	20 000.00	借	100 双
			手套	9 000.00	借	200 双
			标签纸	10 000.00	借	500 包

项目	总账科目	二级明细科目	三级明细科目	余额/元	余额方向	备注
资产	库存商品	黑色轿车		16 300 000.00	借	
		白色轿车		16 300 000.00	借	
		红色轿车		16 300 000.00	借	
	固定资产	房屋、建筑物	办公楼	7 560 000.00	借	
			厂房	17 424 000.00	借	
			仓库	22 272 000.00	借	
		生产设备	空气压缩机	600 000.00	借	
			汽车涂装流水线 A	1 200 000.00	借	
			汽车涂装流水线 B	1 200 000.00	借	
			汽车涂装流水线 C	1 200 000.00	借	
			汽车总装流水线甲	6 681 600.00	借	
			汽车总装流水线乙	10 200 000.00	借	
			汽车总装流水线丙	10 200 000.00	借	
			维修设备	1 740 000.00	借	
		运输工具	轿车	2 375 040.00	借	
			叉车	240 000.00	借	
		办公设备	笔记本电脑	450 000.00	借	
			台式计算机	486 000.00	借	
		办公家具	办公桌	36 000.00	借	
			办公椅	12 000.00	借	
			文件柜	12 000.00	借	
	累计折旧			14 056 260.00	贷	
	基本生产成本	黑色轿车	涂装车间		借	
			总装车间	2 002 647.06	借	
		白色轿车	涂装车间		借	
			总装车间	2 002 647.06	借	
		红色轿车	涂装车间		借	
			总装车间	2 002 647.06	借	
		自制半成品	黑色轿车	463 235.34	借	
			白色轿车	463 235.34	借	
			黑色轿车	463 235.34	借	

项目	总账科目	二级明细科目	三级明细科目	余额/元	余额方向	备注
资产	工程物资			400 000.00	借	
	无形资产	SAP 管理软件		360 000.00	借	
		车灯组装专利		120 000.00	借	
	累计摊销			204 000.00	贷	
负债	短期借款			900 000.00	贷	
	应付账款			11 846 000.00	贷	辅助核算
	应付利息	短期借款利息		7 725.00	贷	短期贷款利率5.15%
		长期借款利息		15 725.00	贷	长期贷款利率5.55%
	应付票据			10 192 600.00	贷	辅助核算
	应付职工薪酬	工资		451 250.00	贷	
		职工福利	过节费		贷	
			非货币福利		贷	
			其他福利支出		贷	
		社会保险费	养老保险费	57 760.00	贷	
			医疗保险费	35 378.00	贷	
			失业保险费	1 805.00	贷	
			工伤保险费	722.00	贷	
		住房公积金		43 320.00	贷	
		职工教育经费		36 100.00	贷	
		工会经费			贷	
	应交税费	应交增值税	进项税额	1 180 000.00	借	
			进项税额转出		贷	
			减免税款		贷	
			销项税额		贷	
		未交增值税			贷	
		待抵扣进项税额			贷	
		简易计税			贷	

项目	总账科目	二级明细科目	三级明细科目	余额/元	余额方向	备注
负债	应交税费	预交增值税			贷	
		应交消费税		3 875 000.00	贷	
		应交企业所得税			贷	
		应交个人所得税			贷	
		应交城市维护建设税		271 250.00	贷	
		应交教育费附加		116 250.00	贷	
		应交地方教育附加		77 500.00	贷	
		应交印花税			贷	
	其他应付款	工会经费		18 050.00	贷	
		押金			贷	
		社会保险费			贷	
		住房公积金			贷	
		其他			贷	
	长期借款	本金		1 700 000.00	贷	
所有者权益	实收资本	南京长风汽车集团		100 000 000.00	贷	
	资本公积			34 198 560.00	贷	
	盈余公积	法定盈余公积		18 450 000.00	贷	
	利润分配	未分配利润		29 709 469.08	贷	
	本年利润				贷	

2. 2020 年 12 月 1 日应收账款、应收票据客户往来期初余额表如表 4、表 5 所示。

表4 客户往来期初余额表

会计科目：应收账款　　　　　　　　　　时间：2020 年 12 月 1 日

编号	客户名称	方向	期初余额	备注
1	骏皓长风汽车销售公司	借	8 757 500.00	
	合计	借	8 757 500.00	

表5　客户往来期初余额表

会计科目：应收票据　　　　　　　　时间：2020年12月1日

编号	客户名称	方向	期初余额	备注
1	利裕泰长风汽车销售公司	借	3 503 000.00	
	合计	借	3 503 000.00	

3. 2020年12月1日应付账款、应付票据供应商往来期初余额表如表6、表7所示。

表6　供应商往来期初余额表

会计科目：应付账款　　　　　　　　时间：2020年12月1日

编号	供应商名称	方向	期初余额	备注
1	湖南湘芭汽配有限公司	贷	2 034 000.00	
2	上海振兴设备有限公司	贷	9 266 000.00	
3	南京江宁区水务集团有限公司	贷	45 000.00	
4	南京供电公司	贷	403 000.00	
5	南京长江天然气有限公司	贷	98 000.00	
	合计	贷	11 846 000.00	

表7　供应商往来期初余额表

会计科目：应付票据　　　　　　　　时间：2020年12月1日

编号	供应商名称	方向	期初余额	备注
1	江苏融诺汽车配件有限责任公司	贷	10 192 600.00	
	合计	贷	10 192 600.00	

4. 2020年12月1日无形资产明细表如表8所示。

表8　无形资产明细表

编号	无形资产名称	账面原值	使用年限/年	残值率/%	已使用月份	已摊销金额	账面余额
1	SAP管理软件	360 000.00	10	0	60	180 000.00	180 000.00
2	车灯组装专利	120 000.00	10	0	24	24 000.00	96 000.00
	合计	480 000.00	—	—	—	204 000.00	276 000.00

5. 2020年12月1日固定资产明细表如表9所示。

表 9 固定资产明细表

编号	固定资产名称	使用部门	数量	账面原值	使用年限 / 年	残值率	已使用月份	已提折旧	账面余额
1	办公楼	行政部、运营部		7 560 000.00	50	5%	60	718 200.00	6 841 800.00
2	厂房	生产部		17 424 000.00	50	5%	60	1 655 280.00	15 768 720.00
3	仓库	仓储部		22 272 000.00	50	5%	60	2 115 840.00	20 156 160.00
4	汽车涂装流水线 A	涂装车间		1 200 000.00	10	5%	60	570 000.00	630 000.00
5	汽车涂装流水线 B	涂装车间		1 200 000.00	10	5%	60	570 000.00	630 000.00
6	汽车涂装流水线 C	涂装车间		1 200 000.00	10	5%	60	570 000.00	630 000.00
7	空气压缩机	涂装、总装车间		600 000.00	10	5%	60	285 000.00	315 000.00
8	汽车总装流水线甲	总装车间		6 681 600.00	10	5%	60	3 173 760.00	3 507 840.00
9	汽车总装流水线乙	总装车间		10 200 000.00	10	5%	12	969 000.00	9 231 000.00
10	汽车总装流水线丙	总装车间		10 200 000.00	10	5%	12	969 000.00	9 231 000.00
11	维修设备	维修车间		1 740 000.00	10	5%	60	826 500.00	913 500.00
12	轿车	总经办	5 辆	2 375 040.00	8	5%	60	1 410 180.00	964 860.00
13	叉车	仓储部	4 辆	240 000.00	8	5%	60	142 500.00	97 500.00
14	笔记本电脑	运营部	30 台	450 000.00	3	0%	3	37 500.00	412 500.00
15	台式计算机	行政部	50 台	486 000.00	3	0%	3	40 500.00	445 500.00
16	办公桌	营销部	50 个	36 000.00	5	0%	3	1 800.00	34 200.00
17	办公椅	营销部	50 个	12 000.00	5	0%	3	600.00	11 400.00
18	文件柜	营销部	50 个	12 000.00	5	0%	3	600.00	11 400.00
合计		—		83 888 640.00	—	—	—	14 056 260.00	69 832 380.00

6. 汽车总成及其零部件划分如表 10 所示。

表 10　汽车总成及其零部件划分

总成名称 （系统或装置）	总成范围 （系统或装置）		基础件	主要零部件	其他零部件
发动机总成 （附离合器）	发动机		气缸体	气缸盖、增压器、曲轴、凸轮轴、连杆、飞轮、正时齿轮、机油泵、油底壳	气缸内部零件、配气机构零件、进排气歧管、供给系（不含油箱）、冷却系（不含散热器）
	离合器		离合器壳	离合器片及压盘	分离轴承及离合器操纵机构等
变速器总成	变速器		变速器壳	变速器盖、一轴、二轴、中间轴及其齿轮	同步器、轴承、变速器操纵机构等
	分动器		分动器壳	分动器盖、主/被动轴及其齿轮	轴承、换挡操纵机构等
	传动轴			前后传动轴	传动轴花键套、外向节总成、中间支撑等
前桥总成	前桥		前轴、前驱动桥壳	转向节、主销、前轮制动鼓或盘、前驱动主减速器壳、半轴	前轮制动底板、蹄块及其调整装置、转向节臂及梯形臂、横直拉杆、前主减速器锥齿轮及差速器等
	转向器		转向器壳	转向器传动副及轴承、转向助力器总成	转向柱及管、转向盘、转向垂臂、助力器内部零件等
	前悬挂	普通悬挂		弹性元件、减振器总成	弹性元件与减振器连接及传力零件
		空气悬挂		气囊总成、气囊减振器、空气压缩机	气囊与减振器连接零件、空气阀、传感器等
后桥总成 （含后轮制动）	后桥		后桥壳	后驱动主减速器壳、半轴、半轴套管、后轮制动盘	后主减速器锥齿轮、差速器、轴承、油封、后轮制动底板、蹄块及调整装置等
	中桥		中桥壳		
	后悬挂	普通悬挂		弹性元件、减振器总成	弹性元件与减振器连接及传力零件
		空气悬挂		气囊总成、气囊减振器、空气压缩机	气囊与减振器连接零件、空气阀、传感器等
制动系 （不含前后轮制动）	气压制动	空压机	空压机缸体	缸盖、油底壳、曲轴及连杆	空滤器、皮带轮、活塞、活塞环等
		储气筒及控制装置		储气筒、制动阀、制动气室	油水分离器、继动阀、快放阀、防冻泵、气压感载比例阀、多回路压力保护阀等

总成名称（系统或装置）	总成范围（系统或装置）		基础件	主要零部件	其他零部件
制动系（不含前后轮制动）	液压制动	制动总泵	泵体	活塞、顶杆	皮碗、止回阀、弹簧等
		制动分泵	泵体	活塞	皮碗、弹簧及连接管路等
		真空增压助力器	助力器壳	控制阀、真空罐	助力器内部零件、液压感载比例阀、安全缸等
	辅助制动	发动机排气制动		排气制动阀	气压或电磁控制阀及连接传力机件等
		电涡流制动器		转子及定子总成	控制阀、离合开关、加速开关等
		液力下坡缓速器		缓速器壳及盖	转子、轴承、控制阀、密封件等
	车轮防抱装置		车速传感器电控装置	电控单元、液控单元	液压油泵及压力调节阀、连接管路等
	驻车制动器		机械式驻车制动器	制动盘	制动块及其连接传力零件、操纵控制机构等
车架总成	车架		车架	纵梁、横梁	保险杠、备胎架、油箱及支架、蓄电池架、踏板架、翼子板支架、前后拖钩等
车身总成	轿车		车身骨架	车门、车窗、内外蒙皮、仪表台、散热器总成	门窗玻璃及升降器、车门控制装置、散热器罩、发动机盖、翼子板、雨刮器等
电器总成	起动电源系			起动机、电瓶、发电机及调节器	点火开关、起动继电器、充电灯或电流表等
	电子控制装置			电控单元	传感器、执行器及开关等
	灯光信号装置			大小灯、转向灯、制动灯、喇叭	其他灯光信号装置及开关、仪表等
空调音响总成	空调系统	制冷		压缩机、冷凝器、蒸发器、鼓风机	膨胀阀、各种开关、传感器、制冷剂管路等
		采暖		火焰燃烧器、鼓风机	热水开关、散热器、燃油箱及管路等
	音响电器			收放机、扬声器、音响座箱	控制开关及线束等
车轮总成	车轮		轮毂	轮辋、轮盘、轮锚	挡圈、锁圈、衬块、螺栓等
	轮胎			外胎、内胎、垫带	气门嘴、气门芯等
牵引装置	牵引转盘			牵引盘及座、牵引销	滚轮、滚轮轴及轴承、锁止装置等
液压系统	液压油泵		泵体	泊泵、油马达、液压油箱	泵内零件、单向阀、线压阀、连接管路等
	液压油缸		缸筒	活塞、活塞杆	活塞皮圈、导向圈、泊封、液压管路等

总成名称 （系统或装置）	总成范围 （系统或装置）	基础件	主要零部件	其他零部件
液压系统	变矩器	变矩器 壳体	泵轮、涡轮、导轮	单向离合器、输出轴、轴承、油封等
	操纵装置		分配阀、操纵阀	操纵手柄、溢流阀、安全阀、液压管路等

【实训内容】

　　南京长风汽车有限责任公司 2020 年 12 月发生以下业务，请帮其完成相关财税处理。

　　业务1　2020 年 12 月 1 日，向中国工商银行南京长风路支行借款。已知实际利率为 6%。相关信息如单据 1-1~单据 1-2 所示。

账务处理

单据 1-1

借款协议

　　贷款方：中国工商银行南京长风路支行
　　借款方：南京长风汽车有限责任公司
　　保证方：南京市伟翔汽车配件加工厂

　　借款方为购买设备，向贷款方申请借款，并由南京市伟翔汽车配件加工厂作为保证人，贷款方已审查批准，经三方协商，特订立本协议，以期共同遵守。
　　第一条　贷款种类　商业贷款
　　第二条　贷款用途　购买设备
　　第三条　贷款金额　人民币 15 000 000 元（大写：壹仟伍佰万元整），贷款费用 100 000 元（大写：拾万元整）
　　第四条　借款利率　年利率为 5.55%
　　第五条　借款期限　4 年（大写：肆年），到期一次性还本付息，不计复利。
　　第六条　借款方必须按照借款协议规定的用途使用借款，不得挪作他用，不得用借款进行违法活动，到期不能归还贷款方贷款，保证人应负偿还责任。
　　……

贷款方：中国工商银行南京长风路支行
代表人：宋依然
签约时间：2020 年 12 月 1 日

保证方：南京市伟翔汽车配件加工厂
代表人：李峰
签约时间：2020 年 12 月 1 日
银行账户：6112400844203722001

借款人：南京长风汽车有限责任公司
代表人：郭一冰
签约时间：2020 年 12 月 1 日
银行账户：6320100133334444666

单据1-2

中国工商银行　网上银行电子回单

电子回单号码：0031-3661-2125-1190　　　　　　　　打印日期：2020 年 12 月 1 日

付款人	户　名	中国工商银行南京长风路支行	收款人	户　名	南京长风汽车有限责任公司
	账　号	62205221211345454		账　号	6320100133334444666
	开户银行	中国工商银行南京长风路支行		开户银行	中国工商银行南京长风路支行
金额		¥14 900 000.00	金额（大写）		人民币壹仟肆佰玖拾万元整
摘要			业务（产品）种类		转账
用途		借款			
交易流水号		63623555	时间戳		2020-12-01.00.06.5225333

备注：

教学版

验证码：bFcRE44+d8dTkrwtbjtrl8D53yk=

记账网点	00221	记账柜员	55520	记账日期	2020 年 12 月 1 日

重要提示：

1. 如果您是收款方，请到工行网站 www.icbc.com.cn 电子回单验证处进行回单验证。2. 本回单不作为收款方发货依据，并请勿重复记账。3. 您可以选择发送邮件，将此电子回单发送给指定的接收人。

业务2　12 月 1 日，与南京剑池有限公司签订一项租赁合同。已知，南京长风汽车有限责任公司租赁内含利率为 4.75%，（ P/A，4.75%，2 ）=1.866 018 083。相关信息如单据 2-1～单据 2-3 所示。

单据2-1

租赁合同

出租方（甲方）：南京剑池有限公司
承租方（乙方）：南京长风汽车有限责任公司

甲、乙双方遵循自愿、公平、诚实信用的原则，经友好协商，就租赁相关事宜达成一致，签订本协议。

第一条　房屋的坐落、面积、设施情况与用途

1. 甲方将其一栋房屋出租给乙方做仓库使用，房屋位于南京市文贤路 1001 号。
2. 出租房屋面积共 550 平方米。
3. 该房屋能够正常供水、供电、供暖，满足正常使用，除双方另有约定外，乙方不得随意改变房屋用途。

第二条　租赁期限

房屋租赁期限自 2020 年 12 月 1 日起至 2023 年 11 月 30 日止，共计 3 年，租赁到期后乙方不行使续租权。甲方应于合同签订之日交付房屋。如需续约，则重新签订合同。

第三条　租金数额、结算方式

1. 房屋租金为 20 000 元／月（不含税），乙方于每年 12 月 1 日按年支付租金。签订合同当日乙方支付 1 年期含税租金 261 600.00 元。
2. 租金支付方式：转账支付。

……

甲方：南京剑池有限公司　　　　　　　　乙方：南京长风汽车有限责任公司
法定代表人：于欣欣　　　　　　　　　　法定代表人：郭一冰
签约时间：2020 年 12 月 1 日　　　　　　签约时间：2020 年 12 月 1 日

单据2-2

中国工商银行 网上银行电子回单

电子回单号码：0031-3271-6545-1100　　　　　　打印日期：2020 年 12 月 1 日

付款人	户　名	南京长风汽车有限责任公司	收款人	户　名	南京剑池有限公司
	账　号	6320100133334444666		账　号	622088015432679
	开户银行	中国工商银行南京长风路支行		开户银行	中国建设银行南京彩云路支行
金额		¥261 600.00	金额（大写）		人民币贰拾陆万壹仟陆佰元整
摘要			业务（产品）种类		跨行发报
用途					
交易流水号		63675156	时间戳		2020-12-01.00.06.544442

备注：

教学版

验证码：bFcRE72+d8dTrfbnkjuml8D35yk=

记账网点	00221	记账柜员	55520	记账日期	2020 年 12 月 1 日

重要提示：

　　1. 如果您是收款方，请到工行网站 www.icbc.com.cn 电子回单验证处进行回单验证。2. 本回单不作为收款方发货依据，并请勿重复记账。3. 您可以选择发送邮件，将此电子回单发送给指定的接收人。

单据2-3

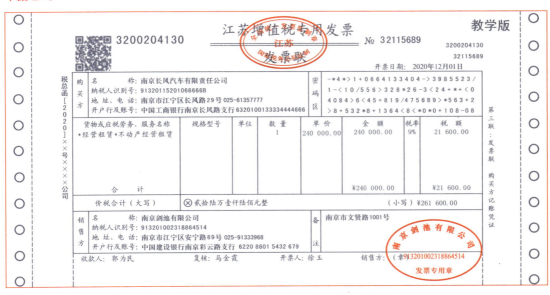

注：抵扣联略。

　　业务3　12月2日，从湖南湘芭汽配有限公司采购前桥总成500个，相关信息如单据3-1～单据3-4所示。

单据 3-1

采购合同

购货方（甲方）：南京长风汽车有限责任公司
销货方（乙方）：湖南湘芭汽配有限公司

甲、乙双方遵循自愿、公平、诚实信用的原则，经友好协商，就购销货物相关事宜达成一致，签订本协议。

第一条 目的及标的物

根据双方的协议，甲方向乙方购买以下产品：

产品名称	数量	单价（不含税价）	金额（不含税价）
前桥总成	500 个	8 600.00 元／个	4 300 000.00 元
合计	—	—	4 300 000.00 元

第二条 交货时间、地点及方式

乙方应在合同签订之日起 5 日内交付货物，运费及保险由乙方承担。

第三条 资金支付条款

甲方应该在收货当日将收货情况确认给乙方并支付货款，如未回传邮件或提出书面异议，视为货物已经接受无异议。

......

甲方：南京长风汽车有限责任公司　　　　　乙方：湖南湘芭汽配有限公司
法定代表人：郭冰　　　　　　　　　　　　法定代表人：许厚霖
签约时间：2020 年 12 月 2 日　　　　　　　签约时间：2020 年 12 月 2 日

单据 3-2

中国工商银行 网上银行电子回单

电子回单号码：0025-1234-6690-0000　　　　　　　　　打印日期：2020 年 12 月 2 日

付款人	户　名	南京长风汽车有限责任公司	收款人	户　名	湖南湘芭汽配有限公司
	账　号	6320100133334444666		账　号	4155081170329337555
	开户银行	中国工商银行南京长风路支行		开户银行	中国民生银行长沙芙蓉支行
金额		￥4 859 000.00	金额（大写）		人民币肆佰捌拾伍万玖仟元整
摘要			业务（产品）种类		转账
用途					
交易流水号		33371355	时间戳		2020-12-2.00.06.176420

备注：

教学版

验证码：kXnDE67+d8dTkertbjumI8D35hy=

记账网点	00001	记账柜员	35522	记账日期	2020 年 12 月 2 日

重要提示：

1. 如果您是收款方，请到工行网站 www.icbc.com.cn 电子回单验证处进行回单验证。2. 本回单不作为收款方发货依据，并请勿重复记账。3. 您可以选择发送邮件，将此电子回单发送给指定的接收人。

单据 3-3

材料入库单

材料科目：原材料　　　　　2020 年 12 月 2 日　　　　　编号：001

供应商：湖南湘芭汽配有限公司　　　　　　　　　　　材料库：1 号材料库

品名	单位	数量	单价	金额／元	备注
前桥总成	个	500	8 600 元／个	4 300 000.00	

负责人：徐小夏　　　　　　　　　　　　　　　　经手人：付翔

单据 3-4

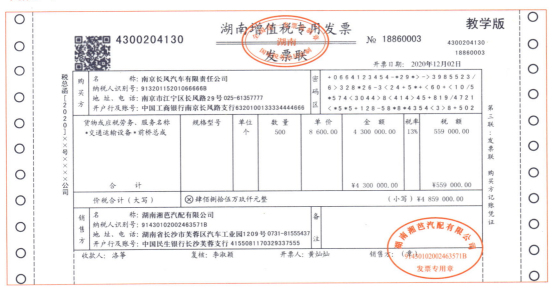

　　业务 4　12 月 2 日，南京云祥汽车销售公司为举办"春节购车七天乐"活动，预订一批汽车。相关信息如单据 4-1~单据 4-2 所示。

汽车销售合同

购货方（甲方）：南京云祥汽车销售公司

销货方（乙方）：南京长风汽车有限责任公司

甲、乙双方遵循自愿、公平、诚实信用的原则，经友好协商，就购销货物相关事宜达成一致，签订本协议。

第一条 目的及标的物

甲方从乙方处购买长风牌小轿车一批，车辆含税金额合计为 14 012 000 元（大写：壹仟肆佰零壹万贰仟元整）。货物明细如下：

品牌（车辆）名称	规格型号	颜色	单价（含税价）	数量	合计金额（含税价）
长风牌小轿车	CF6456（CRV_1.6）	白色	175 150.00 元／辆	40 辆	7 006 000.00 元
长风牌小轿车	CF6456（CRV_1.6）	红色	175 150.00 元／辆	20 辆	3 503 000.00 元
长风牌小轿车	CF6456（CRV_1.6）	黑色	175 150.00 元／辆	20 辆	3 503 000.00 元
合计					14 012 000.00 元

第二条 交货时间、地点及方式

乙方应在 2020 年 12 月 22 日当日交付上述小轿车，运费及保险由甲方承担。

第三条 资金支付条款

1. 甲方应在合同签订之日起 3 日内以银行转账形式先支付总货款的 30%，即 ¥4 203 600.00（大写：肆佰贰拾万零叁仟陆佰元整）作为定金，待乙方发出货物，甲方验收货物无误当日再支付尾款 ¥9 808 400.00（大写：玖佰捌拾万零捌仟肆佰元整）。

2. 支付方式：银行转账。

......

甲方：南京云祥汽车销售公司　　　　　　　乙方：南京长风汽车有限责任公司

法定代表人：郭佳佳　　　　　　　　　　　法定代表人：郭一冰

签约时间：2020 年 12 月 2 日　　　　　　签约时间：2020 年 12 月 2 日

中国工商银行 网上银行电子回单

电子回单号码：7911-3881-2233-1322　　　　　　打印日期：2020 年 12 月 03 日

付款人	户　名	南京云祥汽车销售公司	收款人	户　名	南京长风汽车有限责任公司
	账　号	631278905332112256		账　号	6320100133334444666
	开户银行	中国建设银行南京双溪路支行		开户银行	中国工商银行南京长风路支行
金额		¥4 203 600.00	金额（大写）		人民币肆佰贰拾万零叁仟陆佰元整
摘要		支付定金	业务（产品）种类		转账
用途					
交易流水号		60077777	时间戳		2020-12-03.55.00.534811
备注：					

教学版

验证码：2+d8dTyuopnPN7uiopbjuml32yk=

记账网点	00221	记账柜员	55520	记账日期	2020 年 12 月 3 日

重要提示：

　　1. 如果您是收款方，请到工行网站 www.icbc.com.cn 电子回单验证处进行回单验证。2. 本回单不作为收款方发货依据，并请勿重复记账。3. 您可以选择发送邮件，将此电子回单发送给指定的接收人。

　　业务 5　12 月 3 日，公司增资扩股，接受货币资金投资。相关信息如单据 5-1～单据 5-3 所示。

单据 5-1

投资协议

　　投资方（甲方）：郭友贤
　　被投方（乙方）：南京长风汽车有限责任公司

　　甲、乙双方遵循平等、自愿原则，经友好协商，签订本协议。
　　第一条　投资款及支付
　　1. 甲方以货币资金 5 000 000 元（大写：伍佰万元整）作为股本投资到乙方，其中计入实收资本 4 000 000 元（大写：肆佰万元整）、计入资本公积 1 000 000 元（大写：壹佰万元整）。投资完成后，甲方持有乙方 3.6% 的股权。
　　2. 甲方应自本合同签订之日起 5 日内将货币出资金额足额存入乙方银行账户，否则视为协议无效。
　　第二条　收益与分配
　　各方按照其在公司的份额比例享有收益和分红的权利，承担债务，分担风险。
　　……

　　甲方：郭友贤　　　　　　　　　　　乙方：南京长风汽车有限责任公司
　　签约时间：2020 年 12 月 3 日　　　　法定代表人：郭一冰
　　　　　　　　　　　　　　　　　　　签约时间：2020 年 12 月 3 日

单据 5-2

出资证明书（复印件）

一、**公司**全称：南京长风汽车有限责任公司。

二、**公司**登记日期：2015 年 11 月 1 日。

三、**公司**实收资本（增加）：4 000 000.00 元。

四、**公司**资本公积（增加）：1 000 000.00 元。

五、**公司**股东：个人股东郭友贤于 2020 年 12 月 3 日向南京长风汽车有限责任公司以货币资金的形式出资，计人民币伍佰万元整。该股东自本出资证明书核发之日起，享有本公司章程所规定的股东权利。

核发日期：2020 年 12 月 4 日

核发单位：南京长风汽车有限责任公司

单据 5-3

中国工商银行　网上银行电子回单

电子回单号码：5577-3881-2442-1166　　　　　　打印日期：2020 年 12 月 3 日

付款人	户　名	郭友贤	收款人	户　名	南京长风汽车有限责任公司
	账　号	6320122025587805082		账　号	6320100133334444666
	开户银行	中国工商银行南京新明路支行		开户银行	中国工商银行南京长风路支行
	金额	¥5 000 000.00	金额（大写）		人民币伍佰万元整
	摘要		业务（产品）种类		转账
	用途				
	交易流水号	630095111	时间戳		2020-12-03.00.21.588532
	备注：				
			教学版		
	验证码：nBnAC72+d8dTuiklojuml8D39qa=				
记账网点	00221	记账柜员	55520	记账日期	2020 年 12 月 3 日

重要提示：

1. 如果您是收款方，请到工行网站 www.icbc.com.cn 电子回单验证处进行回单验证。2. 本回单不作为收款方发货依据，并请勿重复记账。3. 您可以选择发送邮件，将此电子回单发送给指定的接收人。

　　业务 6　2020 年 12 月 3 日，公司增资扩股，接受不动产投资。相关信息如单据 6-1~单据 6-7 所示。

单据 6-1

投资协议

投资方（甲方）：阳光房地产开发有限公司

被投方（乙方）：南京长风汽车有限责任公司

甲、乙双方遵循平等、自愿原则，经友好协商，签订本协议。

第一条 投资款及支付

1. 甲方以一处厂房（位于南京市江宁区长风路31号）的所有权投资入股到乙方，该厂房不含税评估价为 8 000 000 元，增值税为 720 000 元。双方约定按该厂房的含税评估价 8 720 000 元（大写：捌佰柒拾贰万元整）确定投资额，增加乙方实收资本 6 976 000 元（大写：陆佰玖拾柒万陆仟元整）、资本公积 1 744 000 元（大写：壹佰柒拾肆万肆仟元整），投资完成后该厂房作为乙方仓库使用，甲方持有乙方 6.29% 的股权。

2. 甲、乙双方应自本合同签订之日起 5 日内办理完成产权转移手续，否则视为协议无效。

第二条 收益与分配

各方按照其在公司的份额比例享有收益和分红的权利，承担债务，分担风险。

……

甲方：阳光房地产开发有限公司　　　　　　乙方：南京长风汽车有限责任公司

法人代表：傅坚　　　　　　　　　　　　　法定代表人：郭一冰

签约时间：2020 年 12 月 3 日　　　　　　 签约时间：2020 年 12 月 3 日

单据 6-2

办公楼评估报告

摘要

重要提示：以下内容摘自评估报告正文。

1. 评估对象：厂房（南京市江宁区长风路31号）；

2. 价值类型：市场价值；

3. 评估基准日：2020 年 12 月 3 日；

4. 评估方法：市场法；

5. 评估结论：经评估，被评估资产（南京市江宁区长风路31号的厂房）的面积为 1 000 平方米，不含税单价为 8 000.00 元 / 平方米，含税评估总价值为 8 720 000 元（大写：捌佰柒拾贰万元整）；

6. 评估报告提出日：2020 年 12 月 3 日；

……

委托方：阳光房地产开发有限公司　　　　　受托方：同正评估有限责任公司

法人代表：傅坚　　　　　　　　　　　　　法定代表人：张予

签约时间：2020 年 12 月 3 日　　　　　　 签约时间：2020 年 12 月 3 日

单据 6-3

出资证明书（复印件）

一、公司全称：南京长风汽车有限责任公司。

二、公司登记日期：2015 年 × 月 × 日。

三、公司实收资本（增加）：6 976 000.00 元

四、公司资本公积（增加）：1 744 000.00 元

五、公司股东：企业股东阳光房地产开发有限公司于 2020 年 12 月 3 日以房屋厂房形式向南京长风汽车有限责任公司出资，计人民币捌佰柒拾贰万元整。该股东自本出资证明书核发之日起，享有本公司章程所规定的股东权。

核发日期：2020 年 12 月 3 日

核发单位：南京长风汽车有限责任公司

单据 6-4

江苏增值税专用发票					No 02185321		教学版
3200204130							3200204130 02185321

开票日期：2020 年 12 月 03 日

| 购买方 | 名　称：南京长风汽车有限责任公司
纳税人识别号：913201152010666666B
地　址、电话：南京市江宁区长风路 29 号 025-61357777
开户行及账号：中国工商银行南京长风路支行 6320100133334444666 | | | | | 密码区 | -*5*>2+0664123454->3985523/
1+<10/556>328*26-3<24+*+<6
2055>814>*574<3<45+819/4721
>8+558*8*4354<3<*5*+128-09 |

货物或应税劳务、服务名称	规格型号	单位	数量	单价	金额	税率	税额
*不动产*房地产开发商业用房		平方米	1 000	8 000.00	8 000 000.00	9%	720 000.00
合　计					¥8 000 000.00		¥720 000.00

价税合计（大写）	⊗ 捌佰柒拾贰万元整	（小写）¥8 720 000.00

| 销售方 | 名　称：阳光房地产开发有限公司
纳税人识别号：913201053210225552
地　址、电话：南京市江宁区光明路 1008 号 025-93333522
开户行及账号：中国工商银行南京光明路支行 6320125870805208225 | 备注 | 南京市江宁区长风路 31 号 |

收款人：梁宏兴	复核：宋晓	开票人：甘鑫	销售方：（章）

第三联：发票联　购买方记账凭证

中国工商银行电子缴税付款凭证

缴税日期：2020 年 12 月 3 日　　　　　　　　　凭证字号：2020120255664345

纳税人全称及纳税人识别号：南京长风汽车有限责任公司　　9132011520106666B

付款人全称：南京长风汽车有限责任公司

付款人账号：6320100133334444666　　　　征收机关名称：国家税务总局南京市江宁区税务局

付款人开户行：中国工商银行南京长风路支行　　收款国库（银行）名称：国家金库南京江宁区支库

小写（合计）金额：¥244 000.00　　　　　　缴款书交易流水号：62498105

大写（合计）金额：贰拾肆万肆仟元整　　　　税票号码：33205620030053826...

税（费）种名称	所属日期	实缴金额（单位：元）
产权转移书据印花税	20201201—20201231	4 000.00
契税	20201201—20201231	240 000.00

教学版

第 1 次打印　　　　　　　　　　　　　　　　打印日期：2020 年 12 月 3 日

客户回单联　　　　　　　　复核：　　　　　　　　记账：

中华人民共和国
印花税票销售凭证

苏国销 000068904

填发日期：2020 年 12 月 3 日　　　　　税务机关：国家税务总局南京市江宁区税务局

纳税人识别号	9132011520106666B	纳税人名称	南京长风汽车有限责任公司
面额种类	品目名称	数量	金额
印花税票（5 元）	权利许可证照	1	5.00
金额合计	（大写）伍元整		¥5.00

售票人　于禁

备注
苏国销 000068904　**教学版**

注：现金支付

第一联（收据）购买单位作报销凭证

单据 6-7

固定资产验收使用报告单

2020 年 12 月 3 日

名称	来源	单位	数量	预计使用年限	金额／元	用途	使用时间
厂房	接受投资	幢	1	50 年	8 244 005.00	仓库使用	2020 年 12 月 3 日
备注							

资产管理部门主管：付翔　　　　　　　财务负责人：王苗　　　　　　　会计：伊正青

业务 7　12 月 3 日，与上海振兴设备有限公司签订合同采购车身总成。相关信息如单据 7-1～单据 7-4 所示。

单据 7-1

采购合同

购货方（甲方）：南京长风汽车有限责任公司
销货方（乙方）：上海振兴设备有限公司

甲、乙双方遵循自愿、公平、诚实信用的原则，经友好协商，就购销货物相关事宜达成一致，签订本协议。

第一条　目的及标的物

根据双方的协议，甲方向乙方购买以下产品：

产品名称	数量	单价（不含税价）	金额（不含税价）
车身总成	620 个	8 800.00 元／个	5 456 000.00 元
合计	—	—	5 456 000.00 元

第二条　交货时间、地点及方式

乙方应在合同签订之日起 5 日内交付货物，运费及保险由乙方承担。

第三条　资金支付条款

甲方应该在收货当日将收货情况确认给乙方并支付货款，如未回传邮件或提出书面异议，视为货物已经接受无异议。

……

甲方：南京长风汽车有限责任公司　　　　　乙方：上海振兴设备有限公司
法定代表人：郭一冰　　　　　　　　　　　法定代表人：席慕白
签约时间：2020 年 12 月 3 日　　　　　　签约时间：2020 年 12 月 3 日

单据 7-2

中国工商银行 网上银行电子回单

电子回单号码：0011-1261-1780-1101　　　　　　　　　　打印日期：2020 年 12 月 3 日

付款人	户　名	南京长风汽车有限责任公司	收款人	户　名	上海振兴设备有限公司
	账　号	6320100133334444666		账　号	6226661203661552
	开户银行	中国工商银行南京长风路支行		开户银行	光大银行上海光明路支行
金额		¥6 165 280.00	金额（大写）		人民币陆佰壹拾陆万伍仟贰佰捌拾元整
摘要			业务（产品）种类		转账
用途					
交易流水号		03680001	时间戳		2020-12-03.00.43.123456

备注：

教学版

验证码：kXnDE67+d8dTkertbjumy8D35hy=

记账网点	00221	记账柜员	55520	记账日期	2020 年 12 月 3 日

重要提示：

1. 如果您是收款方，请到工行网站 www.icbc.com.cn 电子回单验证处进行回单验证。2. 本回单不作为收款方发货依据，并请勿重复记账。3. 您可以选择发送邮件，将此电子回单发送给指定的接收人。

单据 7-3

材料入库单

材料科目：原材料　　　　　　　2020 年 12 月 3 日　　　　　　　编号：002

供应商：上海振兴设备有限公司　　　　　　　　　　　　　　　材料库：1 号材料库

品名	单位	数量	单价	金额／元	备注
车身总成	个	620	8 800 元／个	5 456 000.00	

负责人：徐小夏　　　　　　　　　　　　　　　　　　　　　经手人：付翔

单据7-4

上海增值税专用发票

3100204130　　No 01800999

3100204130
01800999

开票日期：2020年12月03日

税总函[2020]×××号×××公司

购买方	名　称：南京长风汽车有限责任公司 纳税人识别号：91320115201066666B 地　址、电话：南京市江宁区长风路29号 025-61357777 开户行及账号：中国工商银行南京长风路支行6320100133334446666

密码区：4->39855-*9*>64123452+0623/ 3<20+<10/6-556>328*24+*+<6 >8<45+819/4404472114>574<3 8+558*8*354<3<*5*5+12>48-02

货物或应税劳务、服务名称	规格型号	单位	数量	单价	金　额	税率	税　额
*交通运输设备*车身总成		个	620	8 800.00	5 456 000.00	13%	709 280.00
合　计					¥5 456 000.00		¥709 280.00

价税合计（大写）　⊗陆佰壹拾陆万伍仟贰佰捌拾元整　　　（小写）¥6 165 280.00

销售方	名　称：上海振兴设备有限公司 纳税人识别号：91310102443338233C 地　址、电话：上海市南市区光明路223号 021-6189221 开户行及账号：光大银行上海光明路支行6226661203661552	备注

收款人：林子旭　　复核：裴清珍　　开票人：师自强　　销售方：（章）

第三联：发票联　购买方记账凭证

业务8　12月4日，从广州盛凯汽车配件有限公司采购牵引装置。相关信息如单据8-1~单据8-4所示。

单据8-1

采购合同

购货方（甲方）：南京长风汽车有限责任公司
销货方（乙方）：广州盛凯汽车配件有限公司

甲、乙双方遵循自愿、公平、诚实信用的原则，经友好协商，就购销货物相关事宜达成一致，签订本协议。

第一条　目的及标的物
根据双方的协议，甲方向乙方购买以下产品：

产品名称	数量	单价（不含税价）	金额（不含税价）
牵引装置	450个	2 800.00元/个	1 260 000.00元
合计	—	—	1 260 000.00元

第二条　交货时间、地点及方式
乙方应在合同签订之日起5日内交付货物，运费及保险由乙方承担。
第三条　资金支付条款
甲方应该在收货当日将收货情况确认给乙方并支付货款，如未回传邮件或提出书面异议，视为货物已经接受无异议。
......

甲方：南京长风汽车有限责任公司
法定代表人：郭一冰
签约时间：2020年12月4日

乙方：广州盛凯汽车配件有限公司
法定代表人：程品晶
签约时间：2020年12月4日

单据 8-2

中国工商银行　网上银行电子回单

电子回单号码：0011-1261-1780-1101　　　　　　　打印日期：2020 年 12 月 4 日

付款人	户　名	南京长风汽车有限责任公司	收款人	户　名	广州盛凯汽车配件有限公司
	账　号	6320100133334444666		账　号	6222302343810041
	开户银行	中国工商银行南京长风路支行		开户银行	中国工商银行广州滨海支行
	金额	¥1 423 800.00		金额（大写）	人民币壹佰肆拾贰万叁仟捌佰元整
	摘要			业务（产品）种类	转账
	用途				
	交易流水号	10680022		时间戳	2020-12-04.00.43.123678

备注：	
教学版	
验证码：　kXnDE67+d8dTkertbjumy8D35hy=	

中国工商银行
电子回单
专用章

记账网点	00221	记账柜员	55520	记账日期	2020 年 12 月 4 日

重要提示：

1. 如果您是收款方，请到工行网站 www.icbc.com.cn 电子回单验证处进行回单验证。2. 本回单不作为收款方发货依据，并请勿重复记账。3. 您可以选择发送邮件，将此电子回单发送给指定的接收人。

单据 8-3

材料入库单

材料科目：原材料　　　　　　2020 年 12 月 4 日　　　　　　编号：003

供应商：广州盛凯汽车配件有限公司　　　　　　　　　　材料库：1 号材料库

品名	单位	数量	单价	金额 / 元	备注
牵引装置	个	450	2 800 元 / 个	1 260 000.00	

负责人：徐小夏　　　　　　　　　　　　　　　　　经手人：付翔

单据8-4

广东增值税专用发票 教学版

4400204130　　　　　　　　　广东　No 11100006　　4400204130

发票联　　　　　　　　　　　　　　　　　　　　　　11100006

开票日期：2020年12月04日

购买方	名　称：南京长风汽车有限责任公司 纳税人识别号：91320115201066666B 地址、电话：南京市江宁区长风路29号 025-61357777 开户行及账号：中国工商银行南京长风路支行 6320100133334444666

密码区：64123>2+062454->39855-*9*3/ <10/556>328+24+6-3<20+*+<6 *574<3>8<404472114>45+819/4 *5*5+12>8+55354<3<8*8+48-02

货物或应税劳务、服务名称	规格型号	单位	数量	单价	金额	税率	税额
*交通运输设备*牵引装置		个	450	2 800.00	1 260 000.00	13%	163 800.00
合　计					¥1 260 000.00		¥163 800.00

价税合计（大写）　⊗壹佰肆拾贰万叁仟捌佰元整　　（小写）¥1 423 800.00

销售方	名　称：广州盛凯汽车配件有限公司 纳税人识别号：91440103344500113B 地址、电话：广东省广州市荔湾区盛凯汽车工业园 020-8182766 开户行及账号：中国工商银行广州滨海支行 6222302343810041	备注

收款人：沈梦露　　复核：刘菲菲　　开票人：史杰凯　　销售方：（章）

第三联：发票联 购买方记账凭证

业务9 12月5日，从南京市凯豪车辆饰件有限公司采购电器总成。相关信息如单据9-1~单据9-4所示。

单据9-1

采购合同

购货方（甲方）：南京长风汽车有限责任公司
销货方（乙方）：南京市凯豪车辆饰件有限公司

甲、乙双方遵循自愿、公平、诚实信用的原则，经友好协商，就购销货物相关事宜达成一致，签订本协议。

第一条 目的及标的物

根据双方的协议，甲方向乙方购买以下产品：

产品名称	数量	单价（不含税价）	金额（不含税价）
电器总成 （起动电源系、电子控制装置、灯光信号装置）	600个	750.00元/个	450 000.00元
合计	—	—	450 000.00元

第二条 交货时间、地点及方式

乙方应在合同签订之日起5日内交付货物，运费及保险由乙方承担。

第三条 资金支付条款

甲方应该在收货当日将收货情况确认给乙方并支付货款，如未回传邮件或提出书面异议，视为货物已经接受无异议。

……

甲方：南京长风汽车有限责任公司　　　　乙方：南京市凯豪车辆饰件有限公司
法定代表人：郭一冰　　　　　　　　　　法定代表人：张笑瀚
签约时间：2020年12月5日　　　　　　　签约时间：2020年12月5日

单据 9-2

中国工商银行　网上银行电子回单

电子回单号码：0011-1261-1780-1101　　　　　　　　打印日期：2020 年 12 月 5 日

付款人	户　名	南京长风汽车有限责任公司	收款人	户　名	南京市凯豪车辆饰件有限公司
	账　号	6320100133334444666		账　号	6021442389713115
	开户银行	中国工商银行南京长风路支行		开户银行	中国工商银行南京为民路支行

金额	¥508 500.00	金额（大写）	人民币伍拾万零捌仟伍佰元整
摘要		业务（产品）种类	转账
用途			

交易流水号	10680022	时间戳	2020-12-05.00.43.123678

备注：
教学版

验证码：	kXnDE67+d8dTkertbjumy8D35hy=

记账网点	00221	记账柜员	55520	记账日期	2020 年 12 月 5 日

重要提示：

　　1. 如果您是收款方，请到工行网站 www.icbc.com.cn 电子回单验证处进行回单验证。2. 本回单不作为收款方发货依据，并请勿重复记账。3. 您可以选择发送邮件，将此电子回单发送给指定的接收人。

单据 9-3

材料入库单

材料科目：原材料　　　　　　2020 年 12 月 5 日　　　　　　编号：004

供应商：南京市凯豪车辆饰件有限公司　　　　　　　　材料库：1 号材料库

品名	单位	数量	单价	金额／元	备注
电器总成	个	600	750 元／个	450 000.00	

负责人：徐小夏　　　　　　　　　　　　　　　　　经手人：付翔

单据9-4

江苏增值税专用发票　　　　教学版

3200204130　　　　江苏　发票联　　　No 00350008　　3200204130
00350008

开票日期：2020年12月05日

| 购买方 | 名　　称：南京长风汽车有限责任公司
纳税人识别号：91320115201066666B
地址、电话：南京市江宁区长风路29号 025-61357777
开户行及账号：中国工商银行南京长风路支行 6320100133334444666 | 密码区 | 4123>2+0662454->39855-*9*3/
<20-*+<6<10/556>328*24+6-3
<4<3>8<40447257114>45+819/4
5*5*5+12>8+5354<3<8*8*48-02 |

货物或应税劳务、服务名称	规格型号	单位	数量	单价	金额	税率	税额
*车辆照明信号装置*电器总成		个	600	750.00	450 000.00	13%	58 500.00
合　计					¥450 000.00		¥58 500.00

价税合计（大写）　⊗伍拾万零捌仟伍佰元整　　　　　（小写）¥508 500.00

| 销售方 | 名　　称：南京市凯豪车辆饰件有限公司
纳税人识别号：91320145333288688B
地址、电话：江苏省南京市为民路112号 025-95883301
开户行及账号：中国工商银行南京为民路支行 6021442389713115 | 备注 | |

收款人：黄诗奕　　复核：权婧麒　　开票人：王思彤　　销售方：（章）

业务10　12月5日，从山东汽车设备制造公司购买需要安装的汽车总装流水线设备1套（移交使用后称为汽车总装流水线丁）。相关信息如单据10-1~单据10-4所示。

单据10-1

汽车生产线销售合同

　　购货方（甲方）：南京长风汽车有限责任公司
　　销货方（乙方）：山东汽车设备制造公司

　　为满足甲方的生产需求扩大企业生产线，甲、乙双方遵循自愿、公平、诚实信用的原则，经友好协商，就购销货物相关事宜达成一致，签订本协议。
　　第一条　目的及标的物
　　1. 甲方向乙方购买需要安装的汽车总装流水线设备1套，该流水线设备不含税价款为10 000 000元，增值税为1 300 000元。（价税合计金额大写：壹仟壹佰叁拾万元整）。
　　2. 乙方负责销售的汽车总装流水线设备的安装工作，乙方应在设备交付之日起5日内安排相应人员到甲方指定地点，完成安装工作。甲方需支付乙方不含税安装费35 000元，增值税3 150元。（价税合计金额大写：叁万捌仟壹佰伍拾元整）。
　　第二条　交货时间、地点及方式
　　乙方应在合同签订之日起5日内交付设备，运费及保险由乙方承担。
　　第三条　资金支付条款
　　1. 甲方应该在收货当日将收货情况确认给乙方，如未回传邮件或提出书面异议，视为货物已经接受无异议。
　　2. 甲方应在取得设备之日起5日内支付上述价款和安装费。
　　3. 支付方式：银行转账。
　　……

　　甲方：南京长风汽车有限责任公司　　　　　　乙方：山东汽车设备制造公司
　　法定代表人：郭一冰　　　　　　　　　　　　法定代表人：李云
　　签约时间：2020年12月5日　　　　　　　　　签约时间：2020年12月5日

单据 10-2

中国工商银行　网上银行电子回单

电子回单号码：0031-3271-6533-1100　　　　　　　打印日期：2020 年 12 月 5 日

付款人	户　名	南京长风汽车有限责任公司	收款人	户　名	山东汽车设备制造公司
	账　号	6320100133334444666		账　号	620101231568892555
	开户银行	中国工商银行南京长风路支行		开户银行	中国建设银行临沂水田路支行
金额		¥11 338 150.00	金额（大写）		人民币壹仟壹佰叁拾叁万捌仟壹佰伍拾元整
摘要			业务（产品）种类		跨行发报
用途					
交易流水号		6325133	时间戳		2020-12-05.00.06.555888

备注：

教学版

验证码：bFcRE72+d8dTkavebvbcI8D77yk=

记账网点	00221	记账柜员	55520	记账日期	2020 年 12 月 5 日

重要提示：

　　1. 如果您是收款方，请到工行网站 www.icbc.com.cn 电子回单验证处进行回单验证。2. 本回单不作为收款方发货依据，并请勿重复记账。3. 您可以选择发送邮件，将此电子回单发送给指定的接收人。

单据 10-3

固定资产验收使用报告单

2020 年 12 月 8 日

名称	来源	单位	数量	预计使用年限	金额／元	用途	使用时间
汽车总装流水线丁	外购	套	1	10 年	10 038 010.50	经营使用	2020 年 12 月 8 日
备注		外购汽车总装流水线丁					

资产管理部门主管：金信　　　　　　财务负责人：李丽　　　　　　　　　　会计：伊正青

单据 10-4

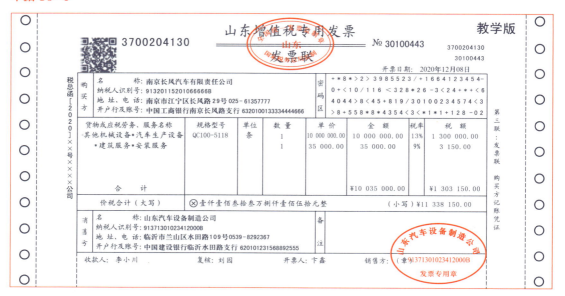

山东增值税专用发票

发票联

3700204130　　　　№ 30100443

3700204130
30100443

开票日期：2020年12月08日

货物或应税劳务、服务名称	规格型号	单位	数量	单价	金额	税率	税额
其他机械设备•汽车生产设备	QC100-5118	条	1	10 000 000.00	10 000 000.00	13%	1 300 000.00
＊建筑服务•安装服务			1	35 000.00	35 000.00	9%	3 150.00
合　计					¥10 035 000.00		¥1 303 150.00

价税合计（大写）　⊗壹仟壹佰叁拾叁万捌仟壹佰伍拾元整　　　（小写）¥11 338 150.00

购买方　名称：南京长风汽车有限责任公司
纳税人识别号：91320115201066666B
地址、电话：南京市江宁区长风路29号 025-61357777
开户行及账号：中国工商银行南京长风路支行 6320100133334444666

销售方　名称：山东汽车设备制造公司
纳税人识别号：91371301023412000B
地址、电话：临沂市兰山区水田路109号0539-8292367
开户行及账号：中国建设银行临沂水田路支行 620101231568892555

收款人：李小川　　复核：刘圆　　开票人：卞鑫　　销售方：（章）91371301023412000B

第三联：发票联　购买方记账凭证

业务11　2020年12月5日，支付11月职工工资、社保及住房公积金。相关信息如单据11-1～单据11-6所示。

单据 11-1

工资结算表（2020年11月）

| 序号 | 部门 | 姓名 | 岗位 | 类别 | 基本工资 | 奖金 | 岗位津贴 | 福利费 | 应付工资 | 代扣工资 | | | | | | 个人所得税 | 实发工资 |
										养老保险(8%)	医疗保险(2%)	失业保险(0.5%)	住房公积金(12%)	其他扣款	扣款小计		
1	总经办	郭一冰	总经理	企业管理	22 500.00	0	4 500.00	0	27 000.00	1 728.00	432.00	108.00	2 592.00		4 860.00	2 828.00	19 312.00
2	总经办	王兴华	主管	企业管理	15 000.00	0	1 500.00	0	16 500.00	1 056.00	264.00	66.00	1 584.00		2 970.00	753.00	12 777.00
	小计				37 500.00	0	6 000.00	0	43 500.00	2 784.00	696.00	174.00	4 176.00	0	7 830.00	3 581.00	32 089.00
3	财务部	王苗	经理	企业管理	12 000.00	0	1 200.00	0	13 200.00	844.80	211.20	52.80	1 267.20		2 376.00	54.72	10 769.28
4	财务部	李丽	主管	企业管理	9 000.00	0	1 000.00	0	10 000.00	640.00	160.00	40.00	960.00		1 800.00	21.00	8 179.00
5	财务部	马晓芝	出纳	企业管理	6 750.00	0	750.00	0	7 500.00	480.00	120.00	30.00	720.00		1 350.00	4.50	6 145.50
6	财务部	伊正青	会计	企业管理	7 500.00	0	750.00	0	8 250.00	528.00	132.00	33.00	792.00		1 485.00	0	6 765.00
7	财务部	马进	办税员	企业管理	7 000.00	0	500.00	0	7 500.00	480.00	120.00	30.00	720.00		1 350.00	34.50	6 115.50
	小计				42 250.00	0	4 200.00	0	46 450.00	2 972.80	743.20	185.80	4 459.20	0	8 361.00	114.72	37 974.28
8	人事部	刘宇	经理	企业管理	16 500.00	0	1 500.00	0	18 000.00	1 152.00	288.00	72.00	1 728.00		3 240.00	576.00	14 184.00
9	人事部	于晓鑫	主管	企业管理	8 750.00	0	1 000.00	0	9 750.00	624.00	156.00	39.00	936.00		1 755.00	29.85	7 965.15
	小计				25 250.00	0	2 500.00	0	27 750.00	1 776.00	444.00	111.00	2 664.00	0	4 995.00	605.85	22 149.15
10	总装车间	方保国	主任	车间管理	12 150.00	0	1 200.00	0	13 350.00	854.40	213.60	53.40	1 281.60		2 403.00	58.41	10 888.59
11	总装车间	王晓梅	工人	基本生产	6 500.00	0	750.00	0	7 250.00	464.00	116.00	29.00	696.00		1 305.00	0	5 945.00
12	总装车间	郭立强	工人	基本生产	6 750.00	0	750.00	0	7 500.00	480.00	120.00	30.00	720.00		1 350.00	0	6 150.00
13	总装车间	江晴	工人	基本生产	4 550.00	0	750.00	0	5 300.00	339.20	84.80	21.20	508.80		954.00	0	4 346.00

续表

| 序号 | 部门 | 姓名 | 岗位 | 类别 | 基本工资 | 奖金 | 岗位津贴 | 福利费 | 应付工资 | 代扣工资 | | | | | | 个人所得税 | 实发工资 |
										养老保险(8%)	医疗保险(2%)	失业保险(0.5%)	住房公积金(12%)	其他扣款	扣款小计		
14	总装车间	夏之星	工人	基本生产	5 750.00	0	750.00	0	6 500.00	416.00	104.00	26.00	624.00		1 170.00	9.90	5 320.10
15	总装车间	杨洋	工人	基本生产	5 250.00	0	750.00	0	6 000.00	384.00	96.00	24.00	576.00		1 080.00	0	4 920.00
16	总装车间	王伟	工人	基本生产	6 250.00	0	750.00	0	7 000.00	448.00	112.00	28.00	672.00		1 260.00	22.20	5 717.80
17	总装车间	丁运生	工人	基本生产	3 850.00	0	750.00	0	4 600.00	294.40	73.60	18.40	441.60		828.00	0	3 772.00
18	总装车间	方华英	工人	基本生产	3 850.00	0	750.00	0	4 600.00	294.40	73.60	18.40	441.60		828.00	0	3 772.00
19	总装车间	郝文杰	工人	基本生产	3 850.00	0	750.00	0	4 600.00	294.40	73.60	18.40	441.60		828.00	0	3 772.00
20	总装车间	何涛	工人	基本生产	4 050.00	0	750.00	0	4 800.00	307.20	76.80	19.20	460.80		864.00	0	3 936.00
21	总装车间	侯小华	工人	基本生产	3 850.00	0	750.00	0	4 600.00	294.40	73.60	18.40	441.60		828.00	0	3 772.00
22	总装车间	刘春华	工人	基本生产	4 050.00	0	750.00	0	4 800.00	307.20	76.80	19.20	460.80		864.00	0	3 936.00
23	总装车间	马海	工人	基本生产	4 050.00	0	750.00	0	4 800.00	307.20	76.80	19.20	460.80		864.00	0	3 936.00
24	总装车间	任凤梅	工人	基本生产	4 050.00	0	750.00	0	4 800.00	307.20	76.80	19.20	460.80		864.00	0	3 936.00
25	总装车间	宋丽秋	工人	基本生产	3 850.00	0	750.00	0	4 600.00	294.40	73.60	18.40	441.60		828.00	0	3 772.00
26	总装车间	唐龙华	工人	基本生产	4 250.00	0	750.00	0	5 000.00	320.00	80.00	20.00	480.00		900.00	0	4 100.00
27	总装车间	王慧文	工人	基本生产	4 250.00	0	750.00	0	5 000.00	320.00	80.00	20.00	480.00		900.00	0	4 100.00
28	总装车间	魏海鑫	工人	基本生产	4 050.00	0	750.00	0	4 800.00	307.20	76.80	19.20	460.80		864.00	0	3 936.00
29	总装车间	徐佩	工人	基本生产	4 250.00	0	750.00	0	5 000.00	320.00	80.00	20.00	480.00		900.00	0	4 100.00
30	总装车间	杨俊	工人	基本生产	4 050.00	0	750.00	0	4 800.00	307.20	76.80	19.20	460.80		864.00	0	3 936.00
小计					103 500.00	0	16 200.00	0	119 700.00	7 660.80	1 915.20	478.80	11 491.20	0	21 546.00	90.51	98 063.49

续表

序号	部门	姓名	岗位	类别	基本工资	奖金	岗位津贴	福利费	应付工资	代扣工资						个人所得税	实发工资
										养老保险（8%）	医疗保险（2%）	失业保险（0.5%）	住房公积金（12%）	其他扣款	扣款小计		
31	涂装车间	吴洋阳	主任	基本生产	11 150.00	0	1 200.00	0	12 350.00	790.40	197.60	49.40	1 185.60		2 223.00	512.70	9 614.30
32	涂装车间	郭梅	工人	基本生产	6 650.00	0	750.00	0	7 400.00	473.60	118.40	29.60	710.40		1 332.00	0	6 068.00
33	涂装车间	罗瑜	工人	基本生产	6 850.00	0	750.00	0	7 600.00	486.40	121.60	30.40	729.60		1 368.00	0	6 232.00
34	涂装车间	姜博	工人	基本生产	4 950.00	0	750.00	0	5 700.00	364.80	91.20	22.80	547.20		1 026.00	0	4 674.00
35	涂装车间	刘笑笑	工人	基本生产	4 950.00	0	750.00	0	5 700.00	364.80	91.20	22.80	547.20		1 026.00	0	4 674.00
36	涂装车间	武天泽	工人	基本生产	4 750.00	0	750.00	0	5 500.00	352.00	88.00	22.00	528.00		990.00	0	4 510.00
37	涂装车间	龚庆	工人	基本生产	4 950.00	0	750.00	0	5 700.00	364.80	91.20	22.80	547.20		1 026.00	0	4 674.00
38	涂装车间	李大仁	工人	基本生产	4 450.00	0	750.00	0	5 200.00	332.80	83.20	20.80	499.20		936.00	0	4 264.00
39	涂装车间	王东	工人	基本生产	4 750.00	0	750.00	0	5 500.00	352.00	88.00	22.00	528.00		990.00	0	4 510.00
40	涂装车间	魏海坤	工人	基本生产	4 950.00	0	750.00	0	5 700.00	364.80	91.20	22.80	547.20		1 026.00	0	4 674.00
41	涂装车间	张凯南	工人	基本生产	4 950.00	0	750.00	0	5 700.00	364.80	91.20	22.80	547.20		1 026.00	0	4 674.00
42	涂装车间	马东	工人	基本生产	4 750.00	0	750.00	0	5 500.00	352.00	88.00	22.00	528.00		990.00	0	4 510.00
43	涂装车间	袁晓天	工人	基本生产	4 450.00	0	750.00	0	5 200.00	332.80	83.20	20.80	499.20		936.00	0	4 264.00
44	涂装车间	叶桦	工人	基本生产	4 950.00	0	750.00	0	5 700.00	364.80	91.20	22.80	547.20		1 026.00	0	4 674.00
45	涂装车间	陈松	工人	基本生产	4 950.00	0	750.00	0	5 700.00	364.80	91.20	22.80	547.20		1 026.00	0	4 674.00
46	涂装车间	章宝利	工人	基本生产	4 750.00	0	750.00	0	5 500.00	352.00	88.00	22.00	528.00		990.00	0	4 510.00
		小计			87 200.00		12 450.00	0	99 650.00	6 377.60	1 594.40	398.60	9 566.40	0	17 937.00	512.70	81 200.30
47	维修车间	葛青青	主任	辅助生产	8 000.00	0	1 200.00	0	9 200.00	588.80	147.20	36.80	883.20		1 656.00	76.32	7 467.68

续表

序号	部门	姓名	岗位	类别	基本工资	奖金	岗位津贴	福利费	应付工资	代扣工资						个人所得税	实发工资
										养老保险（8%）	医疗保险（2%）	失业保险（0.5%）	住房公积金（12%）	其他扣款	扣款小计		
48	维修车间	贺琴	工人	辅助生产	4 700.00	0	750.00	0	5 450.00	348.80	87.20	21.80	523.20	0	981.00	0	4 469.00
49	维修车间	肖迪	工人	辅助生产	7 800.00	0	750.00	0	8 550.00	547.20	136.80	34.20	820.80	0	1 539.00	0	7 011.00
50	维修车间	张川海	工人	辅助生产	5 250.00	0	750.00	0	6 000.00	384.00	96.00	24.00	576.00	0	1 080.00	0	4 920.00
	小计				25 750.00	0	3 450.00	0	29 200.00	1 868.80	467.20	116.80	2 803.20	0	5 256.00	76.32	23 867.68
51	采购部	徐小夏	经理	采购管理	9 000.00	0	1 200.00	0	10 200.00	652.80	163.20	40.80	979.20	0	1 836.00	10.92	8 353.08
52	采购部	周莉	采购员	采购	6 750.00	0	750.00	0	7 500.00	480.00	120.00	30.00	720.00	0	1 350.00	0	6 150.00
	小计				15 750.00	0	1 950.00	0	17 700.00	1 132.80	283.20	70.80	1 699.20	0	3 186.00	10.92	14 503.08
53	营销部	章露	经理	销售管理	11 000.00	0	1 200.00	0	12 200.00	780.80	195.20	48.80	1 171.20	0	2 196.00	60.12	9 943.88
54	营销部	张喜乐	销售员	销售	6 450.00	0	750.00	0	7 200.00	460.80	115.20	28.80	691.20	0	1 296.00	0	5 904.00
55	营销部	郭佳佳	销售员	销售	6 700.00	0	750.00	0	7 450.00	476.80	119.20	29.80	715.20	0	1 341.00	0	6 109.00
56	营销部	刘庆	销售员	销售	5 450.00	0	750.00	0	6 200.00	396.80	99.20	24.80	595.20	0	1 116.00	2.52	5 081.48
57	营销部	李华	销售员	销售	5 450.00	0	750.00	0	6 200.00	396.80	99.20	24.80	595.20	0	1 116.00	2.52	5 081.48
58	营销部	罗传银	销售员	销售	5 700.00	0	750.00	0	6 450.00	412.80	103.20	25.80	619.20	0	1 161.00	8.67	5 280.33
59	营销部	李飞	销售员	销售	5 450.00	0	750.00	0	6 200.00	396.80	99.20	24.80	595.20	0	1 116.00	0	5 084.00
	小计				46 200.00	0	5 700.00	0	51 900.00	3 321.60	830.40	207.60	4 982.40	0	9 342.00	73.83	42 484.17
60	仓储部	金信	经理	辅助生产	7 550.00	0	1 200.00	0	8 750.00	560.00	140.00	35.00	840.00	0	1 575.00	35.25	7 139.75
61	仓储部	付翔	库管	辅助生产	5 900.00	0	750.00	0	6 650.00	425.60	106.40	26.60	638.40	0	1 197.00	0	5 453.00
	小计				13 450.00	0	1 950.00	0	15 400.00	985.60	246.40	61.60	1 478.40	0	2 772.00	35.25	12 592.75
	合计				396 850.00	0	54 400.00	0	451 250.00	28 880.00	7 220.00	1 805.00	43 320.00	0	81 225.00	5 101.10	364 923.90

制表：于晓鑫　　　　　负责人：刘宇

单据 11-2

社会保险费缴费申报表

费款所属日期：2020 年 11 月 1 日至 2020 年 11 月 30 日

金额单位：元（列至角分）

费种	征收品目	征收子目	缴费基数	费率	应缴费额	抵缴费额	本期应缴费额	缴费人数
1	2	3	4	5	6=4*5	7	8=6-7	9
企业职工基本养老保险费	职工基本养老保险（单位缴纳）	企业缴纳	361 000.00	16%	57 760.00	0	57 760.00	61
	职工基本养老保险（个人缴纳）	职工缴纳	361 000.00	8%	28 880.00	0	28 880.00	61
小计			361 000.00	24%	86 640.00	0	86 640.00	61
基本医疗保险费	职工医疗保险（单位缴纳）	企业缴纳	361 000.00	9.8%	35 378.00	0	35 378.00	61
	职工医疗保险（个人缴纳）	职工缴纳	361 000.00	2%	7 220.00	0	7 220.00	61
小计			361 000.00	11.8%	42 598.00	0	42 598.00	61
失业保险费	失业保险（单位缴纳）	企业缴纳	361 000.00	0.5%	1 805.00	0	1 805.00	61
	失业保险（个人缴纳）	职工缴纳	361 000.00	0.5%	1 805.00	0	1 805.00	61
小计			361 000.00	1%	3 610.00	0	3 610.00	61
工伤保险费	工伤保险	企业缴纳	361 000.00	0.2%	722.00	0	722.00	61
小计			361 000.00	0.2%	722.00	0	722.00	61
公积金	住房公积金（单位缴纳）	企业缴纳	361 000.00	12%	43 320.00	0	43 320.00	61
	住房公积金（个人缴纳）	职工缴纳	361 000.00	12%	43 320.00	0	43 320.00	61
小计			361 000.00	24%	86 640.00	0	86 640.00	61

单据 11-3

中国工商银行电子缴税付款凭证

缴税日期：2020 年 12 月 5 日　　　　　　　　凭证字号：2020120255673333

纳税人全称及纳税人识别号：南京长风汽车有限责任公司　9132011520106666B

付款人全称：南京长风汽车有限责任公司

付款人账号：6320100133334444666　　　征收机关名称：国家税务总局南京市江宁区税务局

付款人开户行：中国工商银行南京长风路支行　收款国库（银行）名称：国家金库南京江宁区支库

小写（合计）金额：¥5 101.1　　　　　　　缴款书交易流水号：62508444

大写（合计）金额：伍仟壹佰零壹元壹角　　　税票号码：3320562020013800617

税（费）种名称	所属日期	实缴金额（单位：元）
个人所得税	20201101—20201130	5 101.1

教学版

第 1 次打印　　　　　　　　　　　　　　　　打印日期：2020 年 12 月 5 日

客户回单联　　　　　　　　　　复核：　　　　　　　　　　记账：

单据 11-4

ICBC 中国工商银行　　网上银行电子回单　　教学版

交易日期：20201205　　打印时间：2020-12-05　10:45:00　　第1页　共1页

账号：6320100133334444666	交易金额：RMB 133570.00
户名：南京长风汽车有限责任公司	

转账日期：2020 年 12 月 5 日
纳税人全称及纳税人识别号：南京长风汽车有限责任公司 9132011520106666B
付款人全称：南京长风汽车有限责任公司
付款人账号：6320100133334444666　　征收机关名称：国家税务总局南京市江宁区税务局
付款人开户银行：中国工商银行南京长风路支行　收款国库（银行）名称：国家金库江宁区支库
小写（合计）金额：133 570.00　　　　缴款书交易流水号：2020120562218632
大写（合计）金额：壹拾叁万叁仟伍佰柒拾元整　税票号码：432002008170000567

税（费）种名称	所属日期	实缴金额
工伤保险费	20201101-20201130	722.00
企业职工基本养老保险费	20201101-20201130	86 640.00
失业保险费	20201101-20201130	3 610.00
基本医疗保险费	20201101-20201130	42 598.00

单据 11-5

ICBC 中国工商银行　网上银行电子回单　　教学版

柜员流水号：0238D8811715　　　　　　　　　　　交易日期：20201205

付款单位名称：南京长风汽车有限责任公司	对方信息	户名	南京市住房公积金管理中心
付款单位账号：6320100133334444666		账户	020220102256093
付款人开户银行：中国工商银行南京长风路支行		开户银行	中国建设银行股份有限公司南京支行

金额（大写）：捌万陆仟陆佰肆拾元整　　　　　交易金额　￥86 640.00

交易名称：　　　　　　　　　　　　　　　　　凭证号

摘要：公积金

摘要内容：普通汇兑

电子回单验证码：z1km96

打印次数：首次打印　　　　　　　　　　打印时间：2020-12-05　10:45:00

单据 11-6

ICBC 中国工商银行　业务回单（付款）　　凭证

日期：2020 年 12 月 05 日
回单编号：12345678901
付款人户名：南京长风汽车有限责任公司　　　　付款人开户行：中国工商银行南京长风路支行
付款人账号（卡号）：6320100133334444666
收款人户名：　　　　　　　　　　　　　　　　收款人开户行：
收款人账号（卡号）：
金额：叁拾陆万肆仟玖佰贰拾叁元玖角　　　　　小写：364 923.90 元
业务（产品）种类：代理业务　凭证种类：000000000　凭证号码：12345678901234567
摘要：工资　用途：　　　　　　　　　　　　　　币种：人民币
交易机构：0342000226　记账柜员：00000　交易代码：710055　渠道：批量业务
批次号：HE3849032　提交人：0947824699274.c.1202　授权人：

教学版

本回单为第 1 次打印，注意重复　　打印日期：2020 年 12 月 05 日

业务 12　12 月 6 日，从南京博胜汽车销售公司购买一辆皮卡车自用。相关信息如单据 12-1～单据 12-7 所示。

单据 12-1

皮卡车购进合同

购货方（甲方）：南京长风汽车股份有限公司
销货方（乙方）：南京博胜汽车销售公司

甲、乙双方遵循自愿、公平、诚实信用的原则，经友好协商，就购销货物相关事宜达成一致，签订本协议。

第一条　目的及标的物

甲方从乙方处购买一辆疾电牌皮卡车，车辆含税金额合计为 175 150 元（大写：壹拾柒万伍仟壹佰伍拾元整）：

品牌（车辆）名称	规格型号	颜色	单价（含税价）	数量	合计金额（含税价）
疾电牌皮卡车	MX50Q-2	黑色	175 150.00 元／辆	1 辆	175 150.00 元
合计					175 150.00 元

第二条　交货时间、地点及方式

乙方应在合同签订之日起 5 日内交付货物并开具发票，运费及保险由乙方承担。

第三条　资金支付条款

甲方应在收货当日将收货情况确认给乙方，如未回传邮件或提出书面异议，视为货物已经接受无异议。甲方应在收到货物后一个月内以银行转账方式支付款项。

……

甲方：南京长风汽车股份有限公司
法定代表人：第一冰
签约时间：2020 年 12 月 6 日

乙方：南京博胜汽车销售公司
法定代表人：李夏梦
签约时间：2020 年 12 月 6 日

中国工商银行 网上银行电子回单

电子回单号码：2290-5222-14522-3224   打印日期：2020 年 12 月 06 日

付款人	户 名	南京长凤汽车有限责任公司	收款人	户 名	南京博胜汽车销售公司
	账 号	6320100133334444666		账 号	622202028801907663
	开户银行	中国工商银行南京长风路支行		开户银行	中国农业银行南京中山路支行
	金额	¥175 150.00		金额（大写）	人民币壹拾柒万伍仟壹佰伍拾元整
	摘要			业务（产品）种类	跨行发报
	用途				
	交易流水号	61636334		时间戳	2020-12-06.22.33.82212

备注：

教学版

验证码：rtbjbNsnPN72+d6dFumI8D55nHe=

记账网点	00221	记账柜员	55520	记账日期	2020 年 12 月 6 日

重要提示：

1. 如果您是收款方，请到工行网站 www.icbc.com.cn 电子回单验证处进行回单验证。2. 本回单不作为收款方发货依据，并请勿重复记账。3. 您可以选择发送邮件，将此电子回单发送给指定的接收人。

单据 12-3

机动车销售统一发票

教学版

国家税务总局
发票联

发票代码 360001722011
发票号码 11771188

开票日期 2020 - 12 - 06

机打代码	360110017220	税控码	8*9*>224+**<66+0664123454->3985523/-3< 0+<6-3<24+**<610/556-3<24+**<6>328*26 4044>8<45+6-3<24+**<6819/472114>*574<3 >8+558*8*4354<365+128-02-3<24+**<6<*5* 6-3< 24+ *+<64044>8<456819/47+6-3<24+**<
机打号码	00771182		
机器编号	499719910944		

购买方名称及身份证号码/组织机构代码	南京长凤汽车有限责任公司	纳税人识别号	913201152010666666B

车辆类型	小型客货车	厂牌型号	疾电 2020MX50Q-2	产地	南京市
合格证号	YK5994417250000	进口证明书号		商检单号	
发动机号码	199918905	车辆识别代号/车架号码		LLOHH01234512HHH0	

价税合计	⊗壹拾柒万伍仟壹佰伍拾元整		小写 ¥ 175150.00

销货单位名称	南京博胜汽车销售公司	电话	025-91278809
纳税人识别号	923201208003213890	账号	622202028801907663
地 址	江苏省南京市玄武区中山路 22 号	开户银行	中国农业银行南京中山路支行
增值税税率或征收率	13%	增值税税额	¥ 20150.00	主管税务机关及代码	国家税务总局南京市江宁区税务局 0109
不含税价	小写 ¥ 155000.00	完税凭证号码		吨位	3	限乘人数	5

销货单位盖章   开票人 马溪   备注：一车一票

第一联：发票联（购货单位付款凭证）

北京票据厂 2019年07月印 180万份（25×6）*000000001-018000000

单据 12-4

中华人民共和国
税收缴款书（税务收现专用）

(153) 宁国现 01117487

国家税务总局南京市
税务机关：江宁区税务局

登记注册类型：内资企业			填发日期：2020年12月6日				
纳税人识别号	9132011520106666B		纳税人名称	南京长风汽车有限责任公司			
地　址	南京市江宁区长风路29号						
税　种	品目名称	课税数量	计税金额或销售收入	税率或单位税额	税款所属时期	已缴或扣除额	实缴金额
车辆购置税	车辆购置税	1	¥155 000.00	0.1	2020年12月6日		¥15 500.00
金额合计	（大写）壹万伍仟伍佰元整						¥15 500.00

税务机关南京市江宁区税务局（盖章）征收单位（盖章） 0109号 征税专用章	填票人郭福平	备注　一般申报 正税 主管税务所（科、局）：国家税务总局南京市江宁区税务局发票价格：¥15 500、车辆厂牌：疾电2020、车辆型号：MX50Q-2、车辆识别代号：LL0HH01234512HHH0 免（减）税额（减征）：00

妥善保管

第一联（收据）交纳税人作完税凭证

单据 12-5

中国工商银行电子缴税付款凭证

缴税日期：2020 年 12 月 06 日　　　　　　　凭证字号：2020120646663478

纳税人全称及纳税人识别号：南京长风汽车有限责任公司　9132011520106666B

付款人全称：南京长风汽车有限责任公司

付款人账号：6320100133334444666　　　　　征收机关名称：国家税务总局南京市江宁区税务局

付款人开户行：中国工商银行南京长风路支行　收款国库（银行）名称：国家金库南京江宁区支库

小写（合计）金额：¥15 500.00　　　　　　　缴款书交易流水号：43624187

大写（合计）金额：壹万伍仟伍佰元整　　　　税票号码：356653621056200300

税（费）种名称	所属日期	实缴金额（单位：元）
车辆购置税	20201201—20201231	15 500.00

中国工商银行股份有限公司 南京长风路支行 业务专用章 20BJA78E010

教学版

第 1 次打印　　　　　　　　　　　　　　　　打印日期：2020 年 12 月 6 日

客户回单联　　　　验证码：ED647F361000　　　　复核：　　　　记账：

单据 12-6

支 出 凭 单

2020 年 12 月 7 日   第 001 号

12×21 厘米（通）

即　　付　　车辆牌照费、机动车登记证、机动车行驶证等工本费　　款

计人民币：　壹佰贰拾伍元整　　　　　　　　¥：　125.00

领款人：　徐小夏　　　　　　主管审批：　李丽

附单 1 张

单据 12-7

南京市非税收入专用收据（交警）

客户：皮卡车南京长风汽车有限责任公司（皮卡车新车登记）2020 年 12 月 7 日 No 100022101

收费项目	摘要	单位	数量	单价	金额
皮卡车反光号牌（含固封）		元／副	1	100.00	100.00
机动车登记证书工本费		元／本	1	10.00	10.00
机动车行驶证工本费		元／本	1	15.00	15.00
					125.00
合计（大写）	人民币：壹佰贰拾伍元整				¥125.00

收款单位盖章：　　　　　　收款人：王光

注：现金支付

　　业务 13　12 月 6 日，支付下一年防伪税控开票软件的技术维护费。相关信息如单据 13-1～单据 13-2 所示。

单据 13-1

江苏增值税普通发票　　　　教学版

032002000404　　　No 62222266

032002000404
62222266

校验码 96528 14582 36521 50000　　　　开票日期：2020年12月06日

购买方	名　称：南京长风汽车有限责任公司 纳税人识别号：91320115201066666B 地　址、电话：南京市江宁区长风路29号025-61357777 开户行及账号：中国工商银行南京长风路支行 6320100133334444666	密码区	64123454->3985523/-*9*>2+06 0+<104+*+<6/643>328*26-3<2 4044>8<89+819/472114>*574<3 >8+5528-888*8*4354<3<*5*5+1

货物或应税劳务、服务名称	规格型号	单位	数量	单价	金额	税率	税额
*信息技术服务*软件维护		年	1	264.15	264.15	6%	15.85
合　计					¥264.15		¥15.85

价税合计（大写）　⊗ 贰佰捌拾元整　　　　　（小写）¥280.00

销售方	名　称：南京爱信诺有限公司 纳税人识别号：91110102010202009 地　址、电话：南京市永久大街16号 35862886 开户行及账号：中国工商银行南京市成仙路支行 600110011003300	备注	服务区间：2021-01-01 至 2021-12-31

收款人：张麻麻　　复核：张发财　　开票人：张美丽　　销售方：（章）

单据 13-2

中国工商银行　网上银行电子回单

电子回单号码：0031-3271-2311-1469　　　　打印日期：2020 年 12 月 6 日

付款人	户　名	南京长风汽车有限责任公司	收款人	户　名	南京爱信诺有限公司
	账号	6320100133334444666		账号	600110011003300
	开户银行	中国工商银行南京长风路支行		开户银行	中国工商银行南京市成仙路支行
	金额	¥280.00		金额（大写）	人民币贰佰捌拾元整
	摘要			业务（产品）种类	转账
	用途				
	交易流水号	63675552		时间戳	2020-12-06.00.06.555777

备注：

教学版

验证码：q8D35ybFcRE72+d8dTkertb jtwk=

记账网点	00221	记账柜员	55520	记账日期	2020 年 12 月 6 日

重要提示：

1. 如果您是收款方，请到工行网站 www.icbc.com.cn 电子回单验证处进行回单验证。2. 本回单不作为收款方发货依据，并请勿重复记账。3. 您可以选择发送邮件，将此电子回单发送给指定的接收人。

业务 14　12月7日，委托南京市伟翔汽车配件加工厂加工发动机总成一批。相关信息如单据14-1～单据14-2所示。

单据 14-1

委托加工合同

委托方（甲方）：南京长风汽车有限责任公司
受托方（乙方）：南京市伟翔汽车配件加工厂

甲方委托乙方加工一批发动机，为维护甲、乙双方的利益，经双方协商，就有关代加工事宜达成如下协议，以供双方共同遵守。

1. 甲方委托乙方为其加工1 000个发动机总成（型号：WXFDJ-008），由甲方提供主要原料及基础配件。乙方提供辅助配件并受托加工发动机，每个发动机辅助配件费用及加工费合计3 850元（不含税），总计不含税金额3 850 000.00元（大写：叁佰捌拾伍万元整）。

2. 乙方应在2020年12月28日之前完成加工业务，并交付发动机。甲方验收合格后，由甲方负责运回企业，运输方式及运费由甲方负担。

3. 甲方应在乙方交付加工产品的当天以银行转账的方式支付加工费，乙方收到款项后为甲方开具加工劳务增值税专用发票。

4. 乙方必须按甲方要求生产合格产品，按时交货。如不能按时按量交货，由此造成的损失，由乙方负责。

……

甲方：南京长风汽车有限责任公司　　　　乙方：南京市伟翔汽车配件加工厂
法定代表人：郭一冰　　　　　　　　　　法定代表人：韩潇潇
签约时间：2020年12月7日　　　　　　　签约时间：2020年12月7日

单据 14-2

委托加工领料单

加工单位：南京市伟翔汽车配件加工厂
加工物资：发动机　　　发料日期：2020年12月7日　　　发料仓库：1号仓库

序号	物料名称	单位	数量	单价	金额	备注
1	缸体	个	1 000	3 000	3 000 000.00	
2	增压器	个	1 000	1 500	1 500 000.00	
3	缸盖	个	1 000	800	800 000.00	
4	凸轮轴	个	1 000	2 500	2 500 000.00	

领料人：刘庆　　　送货人：叶莉莉　　　仓管员：付翔　　　审核：李丽

业务 15　2020 年 12 月 7 日以银行存款支付 11 月水费。相关信息如单据 15-1～单据 15-2 所示。

单据 15-1

中国工商银行　网上银行电子回单

电子回单号码：1673-6830-2311-3271　　　　　　　　打印日期：2020 年 12 月 7 日

付款人	户　名	南京长风汽车有限责任公司	收款人	户　名	南京江宁区水务集团有限公司
	账号	6320100133334444666		账号	3201152312060500026
	开户银行	中国工商银行南京长风路支行		开户银行	中国建设银行南京横溪街支行
金额		¥49 050.00	金额（大写）		人民币肆万玖仟零伍拾元整
摘要		水费	业务（产品）种类		跨行发报
用途					
交易流水号		01360045	时间戳		2020-12-07.00.09.434211

备注：
入行凭证种类：同城集中代收　　　　　**教学版**

验证码：wq8DVWLObFcRE72+d8dTkertbjt0=

记账网点	00221	记账柜员	55520	记账日期	2020 年 12 月 7 日

重要提示：

1. 如果您是收款方，请到工行网站 www.icbc.com.cn 电子回单验证处进行回单验证。2. 本回单不作为收款方发货依据，并请勿重复记账。3. 您可以选择发送邮件，将此电子回单发送给指定的接收人。

单据 15-2

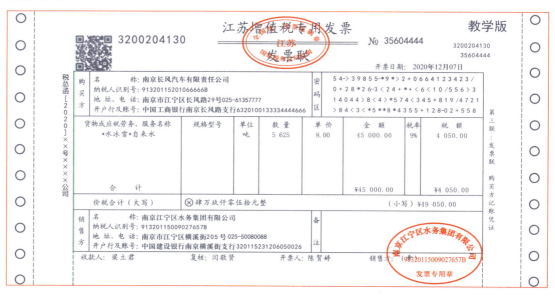

业务 16　12 月 8 日，支付 11 月电费。相关信息如单据 16-1～单据 16-2 所示。

单据 16-1

中国工商银行　网上银行电子回单

电子回单号码：0031-1456-2101-1561　　　　　打印日期：2020 年 12 月 8 日

付款人	户　名	南京长风汽车有限责任公司	收款人	户　名	南京供电公司
	账　号	6320100133334444666		账　号	320600666090050206
	开户银行	中国工商银行南京长风路支行		开户银行	中国建设银行南京麒麟街支行
金额		¥455 390.00	金额（大写）		人民币肆拾伍万伍仟叁佰玖拾元整
摘要		电费	业务（产品）种类		跨行发报
用途					
交易流水号		56745222	时间戳		2020-12-08.55.02.434344

备注：

教学版

验证码：kXnBB46+d8QWWL8dTkertbjjpqO0=

| 记账网点 | 00221 | 记账柜员 | 55520 | 记账日期 | 2020 年 12 月 8 日 |

重要提示：

　1. 如果您是收款方，请到工行网站 www.icbc.com.cn 电子回单验证处进行回单验证。2. 本回单不作为收款方发货依据，并请勿重复记账。3. 您可以选择发送邮件，将此电子回单发送给指定的接收人。

单据 16-2

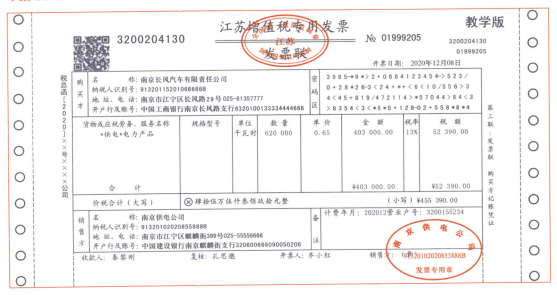

业务 17　2020 年 12 月 8 日，支付 11 月天然气费。相关信息如单据 17-1~单据 17-2 所示。

单据 17-1

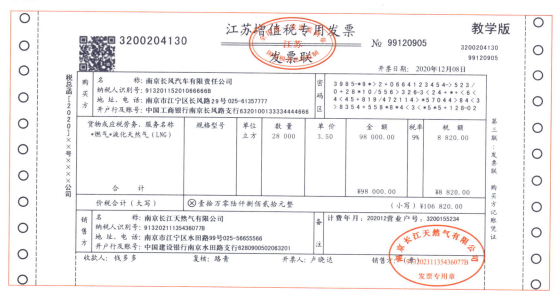

业务 18 2020 年 12 月 9 日，从江西科硕螺丝定制有限公司采购一批 C 型螺丝，螺丝尚未入库。相关信息如单据 18-1～单据 18-3 所示。

单据 18-1

采购合同

购货方（甲方）：南京长风汽车有限责任公司
销货方（乙方）：江西科硕螺丝定制有限公司

甲、乙双方遵循自愿、公平、诚实信用的原则，经友好协商，就购销货物相关事宜达成一致，签订本协议。

第一条 目的及标的物
根据双方的协议，甲方向乙方购买以下产品：

产品名称	数量	单价（不含税价）	金额（不含税价）
C 型螺丝	650 000 个	1.00 元 / 个	650 000.00 元
合计	—	—	650 000.00 元

第二条 交货时间、地点及方式
乙方应在合同签订之日起 5 日内交付货物，运费及保险由乙方承担。
第三条 资金支付条款
甲方应该在收货当日将收货情况确认给乙方，并支付货款，如未回传邮件或提出书面异议，视为货物已经接受无异议。
……

甲方：南京长风汽车有限责任公司　　　　　　乙方：江西科硕螺丝定制有限公司
法定代表人：郭一冰　　　　　　　　　　　　法定代表人：沈溪芝
签约时间：2020 年 12 月 9 日　　　　　　　　签约时间：2020 年 12 月 9 日

单据 18-2

中国工商银行 网上银行电子回单

电子回单号码：0031-3271-2790-1468　　　　　　打印日期：2020 年 12 月 9 日

付款人	户 名	南京长风汽车有限责任公司	收款人	户 名	江西科硕螺丝定制有限公司
	账 号	6320100133334444666		账 号	6002321467821230881
	开户银行	中国工商银行南京长风路支行		开户银行	中国工商银行南昌京东大道支行
金额		¥734 500.00	金额（大写）		人民币柒拾叁万肆仟伍佰元整
摘要			业务（产品）种类		转账
用途					
交易流水号		63671280	时间戳		2020-12-09.00.43.376531
备注：					
		教学版			
验证码：		kXnDE67+d8dTkertbjumy8D67hy=			
记账网点	00221	记账柜员	55520	记账日期	2020 年 12 月 9 日

重要提示：
1. 如果您是收款方，请到工行网站 www.icbc.com.cn 电子回单验证处进行回单验证。2. 本回单不作为收款方发货依据，并请勿重复记账。3. 您可以选择发送邮件，将此电子回单发送给指定的接收人。

单据18-3

江西增值税专用发票　　　　教学版

3600204130　　　　　　　No 11119999　　3600204130
　　　　　　　　　　　　　　　　　　　　　　　　11119999

发票联

开票日期：2020年12月09日

购买方	名　称：南京长风汽车有限责任公司
	纳税人识别号：91320115201066666B
	地址、电话：南京市江宁区长风路29号 025-61357777
	开户行及账号：中国工商银行南京长风路支行6320100133334444666

密码区　4->3985*>2+0-*923456641523/
8*26-3<24+*0+32+<6<10/556>
74<3>8<45+819/472140444>*51
5+128->8+5*4354<3<*58*802

货物或应税劳务、服务名称	规格型号	单位	数量	单价	金额	税率	税额
*金属制品*C型螺丝	KS-C	个	650 000	1.00	650 000.00	13%	84 500.00
合　计					¥650 000.00		¥84 500.00

价税合计（大写）	⊗柒拾叁万肆仟伍佰元整			（小写）¥734 500.00

销售方	名　称：江西科硕螺丝定制有限公司	备注
	纳税人识别号：91360102782390378J	
	地址、电话：江西省南昌高新开发区京东大道1120 0791-83789680	
	开户行及账号：中国工商银行南昌京东大道支行6002321467821230881	

收款人：刘兰兰　　复核：陈思涵　　开票人：王佳琪　　销售方：（章）

第三联：发票联　购买方记账凭证

业务19　12月9日，从上海真彩化工有限公司采购汽车金属漆。相关信息如单据19-1~单据19-3所示。

单据19-1

采购合同

购货方（甲方）：南京长风汽车有限责任公司
销货方（乙方）：上海真彩化工有限公司

甲、乙双方遵循自愿、公平、诚实信用的原则，经友好协商，就购销货物相关事宜达成一致，签订本协议。

第一条　目的及标的物

根据双方的协议，甲方向乙方购买以下产品：

产品名称	数量	单价（不含税价）	金额（不含税价）
汽车金属漆	400套（包括底漆1 L和专用固化剂4 L）	1 200.00元／套	480 000.00元
合计	—	—	480 000.00元

第二条　交货时间、地点及方式

乙方应在合同签订之日起5日内交付货物，运费及保险由乙方承担。

第三条　资金支付条款

甲方应该在收货当日将收货情况确认给乙方，如未回传邮件或提出书面异议，视为货物已经接受无异议。甲方确认收货后，乙方开具增值税专用发票。甲方于次月15日支付货款。

......

甲方：南京长风汽车有限责任公司　　　　　乙方：上海真彩化工有限公司
法定代表人：郑一冰　　　　　　　　　　　法定代表人：马晓
签约时间：2020年12月9日　　　　　　　　签约时间：2020年12月9日

单据 19-2

材料入库单

材料科目：原材料　　　　　　　　2020 年 12 月 9 日　　　　　　　　编号：005
供应商：上海真彩化工有限公司　　　　　　　　　　　　　　　材料库：1 号材料库

品名	单位	数量	单价	金额／元	备注
汽车金属漆	套	400	1 200 元／套	480 000.00	

负责人：徐小夏　　　　　　　　　　　　　　　　　经手人：付翔

单据 19-3

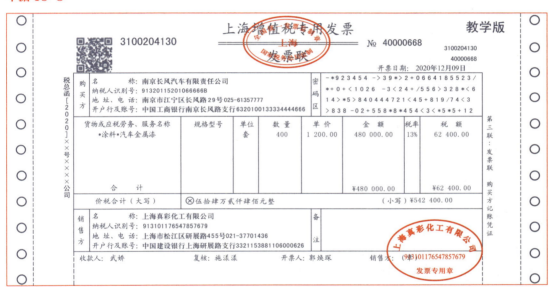

　　业务 20　12 月 10 日，为购入的疾电牌皮卡车购买交强险，支付车船税，已知当地货车车船税年税额为整备质量每吨 120 元。相关信息如单据 20-1～单据 20-3 所示。

单据 20-1

保险协议

投保人（甲方）：南京长风汽车有限责任公司

保险人（乙方）：南京财产保险有限公司

甲、乙双方遵循自愿、公平、诚实信用的原则，经友好协商，甲方指定乙方为皮卡车的承保人，乙方为甲方提供保险服务达成以下协议：

第一条　保险财产范围

乙方提供保险服务的保险财产为一辆疾电牌皮卡车，车辆识别代号：LL0HH01234512HHH0。

第二条　保险责任

保险财产发生毁损、被盗损失的，由乙方负责赔偿，因战争、自然灾害不可抗力原因以及被保险人的故意行为造成保险财产的损失，乙方不负责赔偿。

第三条　保险金额与赔款计算

甲方于本合同签订之日起 5 日应支付乙方不含税保险费 2 000 元，增值税 120 元。

……

甲方：南京长风汽车有限责任公司 乙方：南京财产保险有限公司

法定代表人：郭一冰 法定代表人：艾叶

签约时间：2020 年 12 月 10 日 签约时间：2020 年 12 月 10 日

单据 20-2

中国工商银行　网上银行电子回单

电子回单号码：1031-3444-2100-1566　　　　　　　　打印日期：2020 年 12 月 10 日

付款人	户　名	南京长风汽车有限责任公司	收款人	户　名	南京财产保险有限公司
	账　号	6320100133334444666		账　号	6320105231254218901
	开户银行	中国工商银行南京长风路支行		开户银行	中国工商银行南京凤凰街支行
	金额	¥2 150.00		金额（大写）	人民币贰仟壹佰伍拾元整
	摘要	保险费和车船税		业务（产品）种类	转账
	用途				
	交易流水号	45222567		时间戳	2020-12-10.52.06.431144
		备注：			
		教学版			
		验证码：ertbjjpq8QWWLO0kXnBB46+d8dTk=			
记账网点	00100	记账柜员	07626	记账日期	2020 年 12 月 10 日

重要提示：

　　1. 如果您是收款方，请到工行网站 www.icbc.com.cn 电子回单验证处进行回单验证。2. 本回单不作为收款方发货依据，并请勿重复记账。3. 您可以选择发送邮件，将此电子回单发送给指定的接收人。

江苏增值税专用发票							教学版

3200204130

№ 09128763

3200204130
09128763

开票日期：2020年12月10日

购买方	名　称：南京长风汽车有限责任公司 纳税人识别号：91320115201066666B 地址、电话：南京市江宁区长风路29号025-61357777 开户行及账号：中国工商银行南京长风路支行6320100133334444666	密码区	-*9*>2+0664123454->3985523/ 0+<10/+*+<6556>328*26-3<24 4044*574<>8<45+819/472114>3 >8+558*8+12*4354-02<3<*5*58

货物或应税劳务、服务名称	规格型号	单位	数量	单价	金额	税率	税额
*保险服务*机动车交通事故 责任强制保险服务			1	2 000.00	2 000.00	6%	120.00
合　计					¥2 000.00		¥120.00

价税合计（大写）	⊗ 贰仟壹佰贰拾元整	（小写）¥2 120.00

销售方	名　称：南京财产保险有限公司 纳税人识别号：91320105007000346D 地址、电话：南京市凤凰区凤凰街2008号025-62254489 开户行及账号：中国工商银行南京凤凰街支行6320105231254218901	备注	保险单号：2345678 税款所属期：202012.01-202012.31 代收车船税：30元

收款人：师磊铭　　　复核：王小双　　　开票人：刘淼淼　　　销售方：（章）

第三联：发票联　购买方记账凭证

业务 21 为增强企业竞争力，2020 年 12 月 10 日开始委托南京汽车技术有限公司研发超声波雷达自动航行系统。相关信息如单据 21-1～单据 21-2 所示。

委托研发合同

委托方（甲方）：南京长风汽车有限责任公司
受托方（乙方）：南京汽车技术有限公司

为形成甲方的技术优势，甲、乙双方遵循自愿、公平、诚实信用的原则，经友好协商，就委托研发相关事宜达成一致，签订本协议。

1. 甲方委托乙方研发超声波雷达自动航行系统，并支付研究开发经费报酬，乙方接受委托并进行此技术研究开发工作。

2. 乙方应在合同签订之日后 6 个月内向甲方提交研究开发成果。

3. 甲方应按以下方式支付研究开发经费和报酬：

（1）研究开发经费和报酬价税合计金额为 1 500 000 元（大写：壹佰伍拾万元整），甲方以银行转账方式向乙方支付。

（2）首款（合同金额 20%）300 000 元（大写：叁拾万元整），付款时间：甲乙双方合同签订后 5 个工作日内。

（3）尾款（合同金额 80%）1 200 000 元（大写：壹佰贰拾万元整），付款时间：乙方交付研发成果后 10 个工作日内。

……

甲方：南京长风汽车有限责任公司
法定代表人：郭一冰
签约时间：2020 年 12 月 10 日

乙方：南京汽车技术有限公司
法定代表人：于大利
签约时间：2020 年 12 月 10 日

单据21-2

中国工商银行　网上银行电子回单

电子回单号码：0131-3171-1289-2244　　　　　　　打印日期：2020 年 12 月 10 日

付款人	户　名	南京长风汽车有限责任公司	收款人	户　名	南京汽车技术有限公司
	账　号	6320100133334444666		账　号	6210103554652864217
	开户银行	中国工商银行南京长风路支行		开户银行	中国工商银行南京市宝塔街支行

金额	¥300 000.00	金额（大写）	人民币叁拾万元整
摘要		业务（产品）种类	转账
用途			

交易流水号	61175652	时间戳	2020-12-10.00.11.52672142

备注：

教学版

验证码：bFcRE72+d1dTkecvtbjuml8D11tw=

记账网点	00221	记账柜员	55520	记账日期	2020 年 12 月 10 日

（印章：中国工商银行 电子回单专用章）

重要提示：

1. 如果您是收款方，请到工行网站 www.icbc.com.cn 电子回单验证处进行回单验证。2. 本回单不作为收款方发货依据，并请勿重复记账。3. 您可以选择发送邮件，将此电子回单发送给指定的接收人。

业务22　12 月 10 日，向骏皓长风汽车销售公司销售一批小轿车。相关信息如单据 22-1～单据 22-3 所示。

汽车销售合同

购货方（甲方）：骏皓长风汽车销售公司

销货方（乙方）：南京长风汽车有限责任公司

甲、乙双方遵循自愿、公平、诚实信用的原则，经友好协商，就购销货物相关事宜达成一致，签订本协议。

第一条 目的及标的物

甲方从乙方处购买长风牌小轿车一批，车辆含税金额合计为 10 509 000 元（大写：壹仟零伍拾万零玖仟元整）。货物明细如下：

品牌（车辆）名称	规格型号	颜色	单价（含税价）	数量	合计金额（含税价）
长风牌小轿车	CF6456（CRV_1.6）	白色	175 150.00 元／辆	30 辆	5 254 500.00 元
长风牌小轿车	CF6456（CRV_1.6）	红色	175 150.00 元／辆	20 辆	3 503 000.00 元
长风牌小轿车	CF6456（CRV_1.6）	黑色	175 150.00 元／辆	10 辆	1 751 500.00 元
合计					10 509 000.00 元

第二条 交货方式及发票开具

乙方应在合同签订当日（2020 年 12 月 10 日）交付 30 辆白色小轿车，并于当日向甲方全额开具增值税专用发票。剩余的 20 辆红色小轿车和 10 辆黑色小轿车应于 2020 年 12 月 28 日交付给甲方。运费及保险费由甲方负担。

第三条 资金支付条款

甲方应在收到全部货物且无异议当天以银行转账方式支付货款。甲方未收到全部货物之前，乙方不得要求甲方支付货款。甲方应在每次收到货物当日将收货情况确认给乙方，如未回传邮件或提出书面异议，视为货物已经接受无异议。

......

甲方：骏皓长风汽车销售公司

法定代表人：欧栢希

签约时间：2020 年 12 月 10 日

乙方：南京长风汽车有限责任公司

法定代表人：郭一冰

签约时间：2020 年 12 月 10 日

产品出库单

购货单位：骏皓长风汽车销售公司　　2020 年 12 月 10 日　　　　　　编号：001

产品名称	单位	出库数量	备注
长风牌小轿车（白色）	辆	30	12 月 28 日再发出 20 辆红色小轿车和 10 辆黑色小轿车
合计		30 辆	

仓储部主管：付翔　　　　　　　　　　　　　　　　经手人：张喜乐

单据 22-3

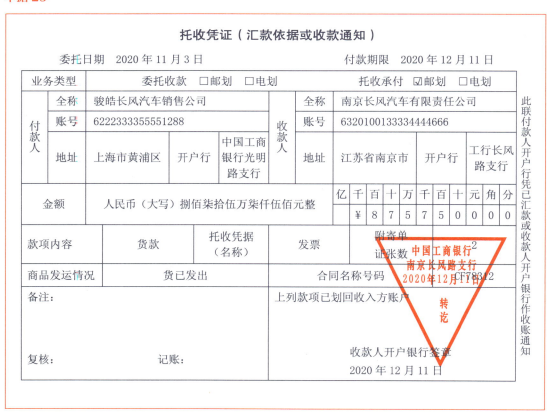

江苏增值税专用发票							教学版 No 20409708	
	3200204130						3200204130 20409708	
							开票日期：2020年12月10日	
购买方	名　称：骏皓长风汽车销售公司 纳税人识别号：310102443787654393 地　址、电话：上海市黄浦区光明路223号021-61256288 开户行及账号：中国工商银行光明路支行6222333355551288						密码区	-*9*> 2+0664123454->3985523/ 0+<10/556>328*26-3<24+*+<6 4044>8<45+819/472114>*574<3 8+558*8*4354<3<*5*5+128-02

货物或应税劳务、服务名称	规格型号	单位	数量	单价	金额	税率	税额
机动车•乘用车（排气量在1.5升以上至2.0升（含））		辆	60	155 000.00	9 300 000.00	13%	1 209 000.00
合　计					¥9 300 000.00		¥1 209 000.00
价税合计（大写）	⊗壹仟零伍拾万零玖仟元整					（小写）¥10 509 000.00	

销售方	名　称：南京长风汽车有限责任公司 纳税人识别号：91320115201066666B 地　址、电话：南京市江宁区长风路29号025-61357777 开户行及账号：中国工商银行南京长风路支行6320100133334444666	备注

收款人：马晓芝　　　复核：伊正青　　　开票人：马进　　　销售方：（章）

第一联：记账联　销售方记账凭证

业务 23 12 月 11 日，收到上月销售小轿车的托收款项。相关信息如单据 23 所示。

单据 23

托收凭证（汇款依据或收款通知）

委托日期　2020 年 11 月 3 日　　　　付款期限　2020 年 12 月 11 日

业务类型	委托收款 □邮划 □电划			托收承付 ☑邮划 □电划		
付款人	全称	骏皓长风汽车销售公司	收款人	全称	南京长风汽车有限责任公司	
	账号	6222333355551288		账号	6320100133334444666	
	地址	上海市黄浦区	开户行	中国工商银行光明路支行	地址	江苏省南京市	开户行	工行长风路支行

金额	人民币（大写）捌佰柒拾伍万柒仟伍佰元整	亿	千	百	十	万	千	百	十	元	角	分
			¥	8	7	5	7	5	0	0	0	0

款项内容	货款	托收凭据（名称）	发票	附寄单证张数	2
商品发运情况	货已发出		合同名称号码		CF78312
备注：			上列款项已划回收入方账户		

中国工商银行
南京长风路支行
2020年12月11日
转讫

复核：　　　　记账：

收款人开户银行签章
2020 年 12 月 11 日

此联付款人开户行凭已汇款或收款人开户银行作收账通知

业务 24 12 月 12 日，偿还湖南湘芭汽配有限公司货款。相关信息如单据 24 所示。

中国工商银行　网上银行电子回单

电子回单号码：0031-3271-6545-1257　　　　　　　　打印日期：2020 年 12 月 12 日

付款人	户　名	南京长风汽车有限责任公司	收款人	户　名	湖南湘芭汽配有限公司
	账　号	6320100133334444666		账　号	4155081170329337555
	开户银行	中国工商银行南京长风路支行		开户银行	中国民生银行长沙芙蓉支行
金额		¥2 034 000.00	金额（大写）		人民币贰佰零叁万肆仟元整
摘要		支付材料款	业务（产品）种类		跨行发报
用途					
交易流水号		64367512	时间戳		2020-12-12.11.06.552890

备注：

教学版

验证码：dTkertbjuml8D35ykbFcRE23+d8=

记账网点	00221	记账柜员	55520	记账日期	2020 年 12 月 12 日

重要提示：

1. 如果您是收款方，请到工行网站 www.icbc.com.cn 电子回单验证处进行回单验证。2. 本回单不作为收款方发货依据，并请勿重复记账。3. 您可以选择发送邮件，将此电子回单发送给指定的接收人。

业务 25　2020 年 12 月 12 日，支付 11 月应纳消费税及附加税（费）。相关信息如单据 25 所示。

中国工商银行电子缴税付款凭证

缴税日期：2020 年 12 月 12 日　　　　　　　　凭证字号：2020121234784666

纳税人全称及纳税人识别号：南京长风汽车有限责任公司　　91320115201066666B

付款人全称：南京长风汽车有限责任公司

付款人账号：6320100133334444666　　　　　征收机关名称：国家税务总局南京市江宁区税务局

付款人开户行：中国工商银行南京长风路支行　　收款国库（银行）名称：国家金库南京江宁区支库

小写（合计）金额：¥4 340 000.00 元　　　　　缴款书交易流水号：67882418

大写（合计）金额：肆佰叁拾肆万元整　　　　　税票号码：321056253600300566

税（费）种名称	所属日期	实缴金额（单位：元）
消费税	20201101—20201130	3 875 000.00
城市维护建设税	20201101—20201130	271 250.00
教育费附加	20201101—20201130	116 250.00
地方教育附加	20201101—20201130	77 500.00

第 1 次打印　　　　　**教学版**　　　　　打印日期：2020 年 12 月 12 日

客户回单联　　　验证码：ED1000647F36　　　复核：　　　　记账：

业务 26　12 月 18 日，采购防冻液。相关信息如单据 26-1～单据 26-4 所示。

单据 26-1

采购合同

购货方（甲方）：南京长风汽车有限责任公司
销货方（乙方）：南昌市陶源化工科技有限公司

甲、乙双方遵循自愿、公平、诚实信用的原则，经友好协商，就购销货物相关事宜达成一致，签订本协议。

第一条　目的及标的物
根据双方的协议，甲方向乙方购买以下产品：

产品名称	数量	单价（不含税价）	金额（不含税价）
防冻液	500 桶	48.00 元／桶	24 000.00 元

第二条　交货时间、地点及方式
乙方应在合同签订之日起 5 日内交付货物，运费及保险由乙方承担。

第三条　资金支付条款
甲方应该在收货当日将收货情况确认给乙方并支付货款，如未回传邮件或提出书面异议，视为货物已经接受无异议。
……

甲方：南京长风汽车有限责任公司
法定代表人：郎一休
签约时间：2020 年 12 月 18 日

乙方：南昌市陶源化工科技有限公司
法定代表人：穆紫馨
签约时间：2020 年 12 月 18 日

单据 26-2

中国工商银行　网上银行电子回单

电子回单号码：5631-3271-2790-3894　　　　打印日期：2020 年 12 月 18 日

付款人	户　名	南京长风汽车有限责任公司	收款人	户　名	南昌市陶源化工科技有限公司
	账　号	6320100133334444666		账　号	6100400933208832554
	开户银行	中国工商银行南京长风路支行		开户银行	中国民生银行南昌青年路支行
金额		¥27 120.00	金额（大写）		人民币贰万柒仟壹佰贰拾元整
摘要			业务（产品）种类		转账
用途					
交易流水号		63671290	时间戳		2020-12-18.00.00.376400

备注：

教学版

验证码：kXnDE67+d8dTkertbjumy8D35yw=

记账网点	00221	记账柜员	55520	记账日期	2020 年 12 月 18 日

重要提示：

　　1. 如果您是收款方，请到工行网站 www.icbc.com.cn 电子回单验证处进行回单验证。2. 本回单不作为收款方发货依据，并请勿重复记账。3. 您可以选择发送邮件，将此电子回单发送给指定的接收人。

单据 26-3

材料入库单

材料科目：周转材料　　　　　2020 年 12 月 18 日　　　　　编号：006

供应商：南昌市陶源化工科技有限公司　　　　　材料库：2 号材料库

品名	单位	数量	单价	金额／元	备注
防冻液	桶	500	48	24 000	

负责人：徐小夏　　　　　　　　　　　　　　　　　经手人：付翔

单据 26-4

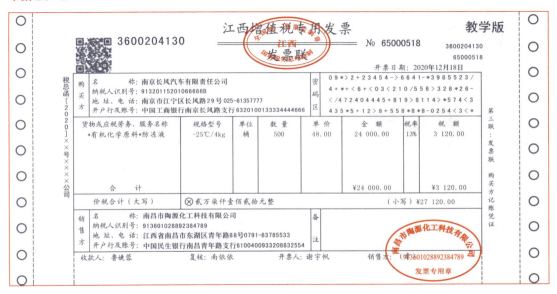

业务 27　12 月 20 日，将车灯组装专利技术对外销售。相关信息如单据 27-1～单据 27-4 所示。

单据 27-1

无形资产处置报告单

2020 年 12 月 20 日

无形资产名称	原始价值	预计使用年限	残值率	已使用年限	累计摊销	已计提减值	清理原因
车灯组装专利	120 000.00	10 年	0%	24 个月	24 000.00	0	淘汰
无形资产状况	出售						
处理意见	使用部门	技术鉴定小组		无形资产管理部门		主管部门审批	
	同意出售 方保国	同意出售 葛青青		同意出售 金信		同意出售 郭一冰	

单据 27-2

车灯组装专利技术转让合同

转让方名称：南京长风汽车有限责任公司

受让方名称：华远汽修有限责任公司

双方经友好协商一致，转让方同意将其拥有的车灯组装专利技术转让给受让方，签订本合同。

第一条 转让方向受让方交付车灯组装专利技术的全部相关资料

第二条 交付资料的时间、地点及方式

1. 交付资料的时间。合同生效后，转让方收到受让方支付的转让费后 2 日内，转让方向受让方交付合同第一条所述的全部资料。

2. 交付资料的方式。转让方将上述全部资料以当面交接方式递交给受让方。

第三条 转让费及支付方式

车灯组装专利技术的转让费为 60 000 元，合同生效当日转账支付。

第四条 违约及索赔

转让方拒不交付合同规定的全部资料，不办理转让手续的，受让方有权解除合同。

......

转让方：南京长风汽车有限责任公司　　　　　受让方：华远汽修有限责任公司

法人代表：郭一冰　　　　　　　　　　　　　法人代表：马茜茜

签约日期：2020 年 12 月 20 日　　　　　　　签约日期：2020 年 12 月 20 日

单据 27-3

中国工商银行　网上银行电子回单

电子回单号码：3031-3233-8338-1333　　　　　　打印日期：2020 年 12 月 20 日

付款人	户　名	华远汽修有限责任公司	收款人	户　名	南京长风汽车有限责任公司
	账　号	6102111144552341		账　号	6320100133334444666
	开户银行	中国工商银行南京市信仰路支行		开户银行	中国工商银行南京长风路支行
金额		¥60 000.00	金额（大写）		人民币陆万元整
摘要			业务（产品）种类		转账
用途					
交易流水号		83900128	时间戳		2020-12-20.03.16.569742

备注：

教学版

验证码：kXnPNjumI8D35yk890+d8dTkertb=

记账网点	00100	记账柜员	07626	记账日期	2020 年 12 月 20 日

重要提示：

1. 如果您是收款方，请到工行网站 www.icbc.com.cn 电子回单验证处进行回单验证。2. 本回单不作为收款方发货依据，并请勿重复记账。3. 您可以选择发送邮件，将此电子回单发送给指定的接收人。

江苏增值税普通发票（教学版）

032002000404   江苏 托账联   № 20440541   032002000404   20440541

校验码 05438133320 0602145886   开票日期：2020年12月20日

购买方	名　称：华远汽修有限责任公司 纳税人识别号：91320102788345609B 地址、电话：南京市高淳区信仰路4号025-43885588 开户行及账号：中国工商银行南京市信仰路支行6102111144552341					密码区	2+0664123454->3-*9*>985523/ 028*2<10/556>6-3<24+*+<6+3 414/*574044<365<5+819/47214<3 >8*558*8*4354<3<5*5+128-02+	

货物或应税劳务、服务名称	规格型号	单位	数量	单价	金额	税率 免税	税额
*无形资产*专利技术			1	60 000.00	60 000.00	***	***
合　计					￥60 000.00		***
价税合计（大写）	⊗陆万元整					（小写）￥60 000.00	

销售方	名　称：南京长风汽车有限责任公司 纳税人识别号：91320115201066666B 地址、电话：南京市江宁区长风路29号025-61357777 开户行及账号：中国工商银行南京长风路支行6320100133334444666	备注	

收款人：马晓芝   复核：伊正青   开票人：马进   销售方：（章）

第一联：记账联 销售方记账凭证

业务 28 12月21日，向特日行汽车销售公司销售一批小轿车，相关信息如单据 28-1～单据 28-3 所示。

单据 28-1

汽车销售合同

购货方（甲方）：特日行汽车销售公司
销货方（乙方）：南京长风汽车有限责任公司

甲、乙双方遵循自愿、公平、诚实信用的原则，经友好协商，就购销货物相关事宜达成一致，签订本协议。

第一条 目的及标的物
甲方从乙方处购买长风牌小轿车一批，该批小轿车合计不含税金额为 14 400 000.00 元（大写：壹仟肆佰肆拾万元整），明细如下：

品牌（车辆）名称	规格型号	颜色	单价（不含税价）	数量	合计金额（不含税价）
长风牌小轿车	CF6456（CRV_1.6）	白色	160 000.00 元/辆	30 辆	4 800 000.00 元
长风牌小轿车	CF6456（CRV_1.6）	红色	160 000.00 元/辆	20 辆	3 200 000.00 元
长风牌小轿车	CF6456（CRV_1.6）	黑色	160 000.00 元/辆	40 辆	6 400 000.00 元
合计					14 400 000.00 元

第二条 交货时间、地点及方式
乙方应在合同签订之日5日内交付上述全部小轿车，运费由乙方承担。甲方应在收货当日将收货情况确认给乙方，如未回传邮件或提出书面异议，视为货物已经接受无异议。

第三条 资金支付条款
甲方应在收到货物当天以银行转账方式支付含税金额的70%（￥11 390 400.00）的货款，剩余含税金额的30%（￥4 881 600.00）于2021年1月15日以银行转账方式支付。乙方在收到全部货款后5日内开具增值税专用发票。

……

甲方：特日行汽车销售公司
法定代表人：杨洋
签约时间：2020 年 12 月 21 日

乙方：南京长风汽车有限责任公司
法定代表人：郭一冰
签约时间：2020 年 12 月 21 日

单据 28-2

产品出库单

购货单位：特日行汽车销售公司　　　　2020 年 12 月 22 日　　　　　　编号：002

产品名称	单位	出库数量	备注
长风牌小轿车（白色）	辆	30	
长风牌小轿车（红色）	辆	20	
长风牌小轿车（黑色）	辆	40	
合计		90 辆	

仓储部主管：付翔　　　　　　　　　　　　　　　　　　　　经手人：张喜乐

单据 28-3

中国工商银行　网上银行电子回单

电子回单号码：7931-3881-2222-1333　　　　　　　打印日期：2020 年 12 月 22 日

付款人	户名	特日行汽车销售公司	收款人	户名	南京长风汽车有限责任公司
	账号	6227440132214678		账号	6320100133334444666
	开户银行	中国建设银行工业大道分行		开户银行	中国工商银行南京长风路支行
	金额	¥11 390 400.00		金额（大写）	人民币壹仟壹佰叁拾玖万零肆佰元整
	摘要			业务（产品）种类	跨行发报
	用途				
	交易流水号	63644451		时间戳	2020-12-22.00.29.588223
	备注：				
		教学版			
	验证码：bFcRE72+d8dTuiopbjuml8D88yk=				
记账网点	00221	记账柜员	55520	记账日期	2020 年 12 月 22 日

重要提示：

　　1. 如果您是收款方，请到工行网站 www.icbc.com.cn 电子回单验证处进行回单验证。2. 本回单不作为收款方发货依据，并请勿重复记账。3. 您可以选择发送邮件，将此电子回单发送给指定的接收人。

　　业务 29　12 月 22 日，委托南京路安运输公司运输向特日行汽车销售公司销售的小轿车。相关信息如单据 29-1～单据 29-3 所示。

货物运输合同

委托方（甲方）：南京长风汽车有限责任公司

承运方（乙方）：南京路安运输公司

甲乙双方本着友好协商、平等自愿的原则，签订此运输协议，现就如下事项进行约定，由双方共同遵照执行。

1. 甲方委托乙方承接小轿车运输业务，乙方须安全、准时、完整地将承运货物送到甲方指定地点，并交给指定收件人。

2. 路线。

起运地：南京市江宁区长风路 29 号

到达地：湖北省武汉市江汉区工业大道 88 号

3. 甲方应提前 24 小时向乙方提出用车计划，乙方应在指定的时间将平板运输车苏 AV8567、苏 AB831Y、苏 A4831A 派发指定地点装货。

4. 经双方友好协商，不含税运费为 925 000.00 元（大写：玖拾贰万伍仟元整），甲方在收件人确认货物无误签字后 3 日内支付运费。

5. 运费支付方式：银行转账现付（√）、货到付款（　）、月结（　）。

......

甲方：南京长风汽车有限责任公司　　　　　乙方：南京路安运输公司

法定代表人：陈一冰　　　　　　　　　　　法定代表人：李来贵

签约时间：2020 年 12 月 22 日　　　　　　签约时间：2020 年 12 月 22 日

中国工商银行　网上银行电子回单

电子回单号码：7634-3881-2002-1456　　　　　打印日期：2020 年 12 月 22 日

付款人	户　名	南京长风汽车有限责任公司	收款人	户　名	南京路安运输公司
	账　号	6320100133334444666		账　号	6320106151003060055
	开户银行	中国工商银行南京长风路支行		开户银行	中国工商银行南京市双彩路支行
	金额	¥1 008 250.00		金额（大写）	人民币壹佰万零捌仟贰佰伍拾元整
	摘要	运费		业务（产品）种类	转账
	用途				
	交易流水号	643300966		时间戳	2020-12-22.11.14.399588

备注：

教学版

验证码：kloju588bFcRE72+d8dTuiml8D64pp=

记账网点	00221	记账柜员	55520	记账日期	2020 年 12 月 22 日

重要提示：

1. 如果您是收款方，请到工行网站 www.icbc.com.cn 电子回单验证处进行回单验证。2. 本回单不作为收款方发货依据，并请勿重复记账。3. 您可以选择发送邮件，将此电子回单发送给指定的接收人。

单据 29-3

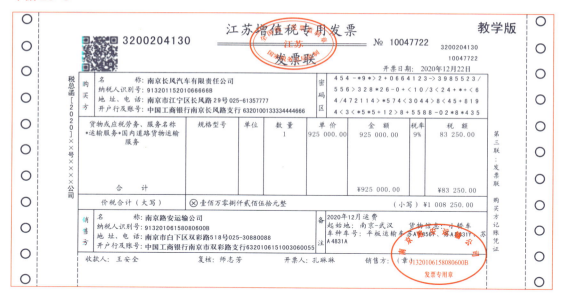

业务 30 12 月 22 日，发出南京云祥汽车销售公司 12 月 2 日预定的小汽车，按合同约定收到尾款。相关信息如单据 30-1~单据 30-2 所示。

单据 30-1

产品出库单

购货单位：南京云祥汽车销售公司　　2020 年 12 月 22 日　　　　编号：003

产品名称	单位	出库数量	备注
长风牌小轿车（白色）	辆	40	12 月 2 日南京云祥汽车销售公司预定
长风牌小轿车（红色）	辆	20	12 月 2 日南京云祥汽车销售公司预定
长风牌小轿车（黑色）	辆	20	12 月 2 日南京云祥汽车销售公司预定
合计		80 辆	

仓储部主管：付翔　　　　　　　　　　　　　　　　　　　经手人：张喜乐

中国工商银行　网上银行电子回单

电子回单号码：7007-3877-1865-2992　　　　　　　打印日期：2020 年 12 月 22 日

付款人	户　名	南京云祥汽车销售公司	收款人	户　名	南京长风汽车有限责任公司
	账　号	631278905332112256		账　号	6320100133334444666
	开户银行	中国建设银行南京双溪路支行		开户银行	中国工商银行南京长风路支行
金额		¥9 808 400.00	金额（大写）		人民币玖佰捌拾万零捌仟肆佰元整
摘要		尾款 9 808 400 元	业务（产品）种类		跨行发报
用途					
交易流水号		60550755	时间戳		2020-12-22.55.99.518812

尾款 9 808 400 元

教学版

验证码：yuopnPN72+d8dTuiopbjuml32yk=

记账网点	00221	记账柜员	55520	记账日期	2020 年 12 月 22 日

重要提示：

　　1. 如果您是收款方，请到工行网站 www.icbc.com.cn 电子回单验证处进行回单验证。2. 本回单不作为收款方发货依据，并请勿重复记账。3. 您可以选择发送邮件，将此电子回单发送给指定的接收人。

　　业务 31　2020 年 12 月 25 日，向广州利裕泰长风汽车销售公司销售小汽车。相关信息如单据 31-1～单据 31-4 所示。

金税财务应用综合实训案例（中级）

汽车销售合同

购货方（甲方）：广州利裕泰长风汽车销售公司

销货方（乙方）：南京长风汽车有限责任公司

甲、乙双方遵循自愿、公平、诚实信用的原则，经友好协商，就购销货物相关事宜达成一致，签订本协议。

第一条　目的及标的物

根据双方的协议乙方向甲方销售长风牌小轿车一批，车辆含税金额合计为 36 781 500 元（大写：叁仟陆佰柒拾捌万壹仟伍佰元整），因甲方购买数量达到折扣标准，故乙方按照销售政策给予甲方 2% 的折扣。货物明细如下：

品牌（车辆）名称	规格型号	颜色	单价（含税价）	数量	总金额（含税）	折后金额（含税）
长风牌小轿车	CF6456（CRV_1.6）	白色	175 150.00 元／辆	60 辆	10 509 000.00	10 298 820.00 元
长风牌小轿车	CF6456（CRV_1.6）	红色	175 150.00 元／辆	80 辆	14 012 000.00	13 731 760.00 元
长风牌小轿车	CF6456（CRV_1.6）	黑色	175 150.00 元／辆	70 辆	12 260 500.00	12 015 290.00 元
合计					36 781 500.00	36 045 870.00 元

第二条　交货时间、地点及方式

乙方应在合同签订之日起 5 日内交付货物，运费及保险费由甲方负担。

第三条　资金支付条款

甲方应在收货当日将收货情况确认给乙方，如未回传邮件或提出书面异议，视为货物已经接受无异议。甲方应在收到货物当天以银行转账方式支付全部款项。

……

甲方：广州利裕泰长风汽车销售公司

法定代表人：干欣然

签约时间：2020 年 12 月 25 日

乙方：南京长风汽车有限责任公司

法定代表人：郭一冰

签约时间：2020 年 12 月 25 日

中国工商银行　网上银行电子回单

电子回单号码：7634-3881-2002-1456　　　　　　打印日期：2020 年 12 月 26 日

付款人	户　名	广州利裕泰长风汽车销售公司	收款人	户　名	南京长风汽车有限责任公司
	账　号	622128664311289		账　号	6320100133334444666
	开户银行	农商银行广州越秀支行		开户银行	中国工商银行南京长风路支行
金额		¥36 045 870.00	金额（大写）		人民币叁仟陆佰零万肆伍仟捌佰柒拾元整
摘要			业务（产品）种类		跨行发报
用途					
交易流水号		698653009	时间戳		2020-12-26.00.90.833158

备注：

教学版

验证码：bFcRE72+d8dTuiklojumI8D55yk=

记账网点	00221	记账柜员	55520	记账日期	2020 年 12 月 26 日

重要提示：

1. 如果您是收款方，请到工行网站 www.icbc.com.cn 电子回单验证处进行回单验证。2. 本回单不作为收款方发货依据，并请勿重复记账。3. 您可以选择发送邮件，将此电子回单发送给指定的接收人。

教学版

江苏增值税专用发票

3200204130　　　　　　　　　　　　№ 20409709

记账联

开票日期：2020年12月26日

购买方	名　　称：广州利裕泰长风汽车销售公司 纳税人识别号：44010366429016666B 地址、电话：广东省广州市越秀区康庄路甲98号020-8345996 开户行及账号：农商银行广州越秀支行 622128664311289	密码区	-*5*>2+0664123454->3985523/ 1+<10/556>328*26-3<24+**<6 2055>814>*574<3<45+819/4721 >8+558*8*4354<3<*5*+128-09

货物或应税劳务、服务名称	规格型号	单位	数量	单价	金额	税率	税额
*机动车*乘用车（排气量在1.5升以上至2.0升（含））		辆	210	155 000.00	32 550 000.00	13%	4 231 500.00
合　计					¥32 550 000.00		¥4 231 500.00

价税合计（大写）	⊗叁仟陆佰柒拾捌万壹仟伍佰元整	（小写）¥36 781 500.00

销售方	名　　称：南京长风汽车有限责任公司 纳税人识别号：91320115201066666B 地址、电话：南京市江宁区长风路29号025-61357777 开户行及账号：中国工商银行南京长风路支行 6320100133334444666	备注	给予总金额2%的折扣

收款人：马晓芝　　　复核：伊正青　　　开票人：马进　　　销售方：（章）

税总函[2020]×××号×××公司

第一联：记账联　销售方记账凭证

单据 31-4

产品出库单

购货单位：广州利裕泰长风汽车销售公司　2020 年 12 月 25 日　　　　　编号：004

产品名称	单位	出库数量	备注
长风牌小轿车（白色）	辆	60	给予 2% 折扣
长风牌小轿车（红色）	辆	80	给予 2% 折扣
长风牌小轿车（黑色）	辆	70	给予 2% 折扣
合计		210 辆	

仓储部主管：付翔　　　　　　　　　　　　　　　　　　经手人：张喜乐

业务 32　12 月 25 日，接受湖南湘芭汽配有限公司捐赠的后桥总成。相关信息如单据 32-1～单据 32-3 所示。

单据 32-1

赠与合同

甲方（赠与人）：湖南湘芭汽配有限公司

乙方（受赠人）：南京长风汽车有限责任公司

甲乙双方就赠与后桥总成事宜签订本合同，其条件如下：

1. 甲方将新生产的 200 个新型后桥总成赠与乙方。
2. 甲方于 2020 年 12 月 31 日前将新型后桥总成交付乙方。
3. 乙方将受赠的新型后桥总成用于生产小汽车，并进行宣传销售，相关费用由乙方负担。

……

甲方：湖南湘芭汽配有限公司　　　　　　乙方：南京长风汽车有限责任公司

赠与时间：2020 年 12 月 25 日　　　　　赠与时间：2020 年 12 月 25 日

单据 32-2

材料入库单

材料科目：原材料　　　　　　　　2020 年 12 月 25 日　　　　　编号：007

供应商：湖南湘芭汽配有限公司　　　　　　　　　　　　　　材料库：1 号材料库

品名	单位	数量	单价	金额／元	备注
新型后桥总成	个	200	7 500 元／个	1 500 000.00	接受捐赠

负责人：徐小夏　　　　　　　　　　　　　　　　　　　经手人：付翔

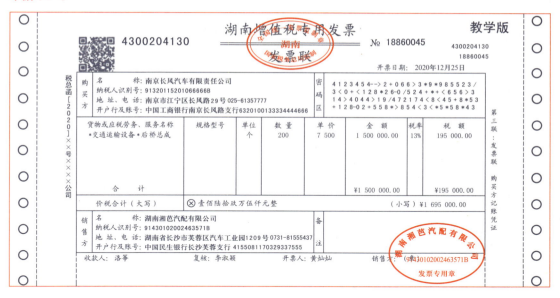

业务 33 12 月 26 日计提固定资产折旧。相关信息如单据 33-1～单据 33-3 所示。

单据 33-1

固定资产计提折旧表

2020 年 12 月 26 日　　　　　　　　　　　　　　　　　单位：元

编号	固定资产名称	使用部门	原值	使用年限 / 年	残值率	已使用月份	本月折旧	累计折旧
1	办公楼	总经办	504 000.00	50	5%	60	798.00	48 678.00
		财务部	1 008 000.00	50	5%	60	1 596.00	97 356.00
		人事部	756 000.00	50	5%	60	1 197.00	73 017.00
		采购部	756 000.00	50	5%	60	1 197.00	73 017.00
		营销部	3 780 000.00	50	5%	60	5 985.00	365 085.00
		仓储部	756 000.00	50	5%	60	1 197.00	73 017.00
		小计	7 560 000.00	50	5%	60	11 970.00	730 170.00
2	厂房	涂装车间	6 969 600.00	50	5%	60	11 035.20	673 147.20
		总装车间	8 712 000.00	50	5%	60	13 794.00	841 434.00
		维修车间	1 742 400.00	50	5%	60	2 758.80	168 286.80
		小计	17 424 000.00	50	5%	60	27 588.00	1 682 868.00

金税财务应用综合实训案例（中级）

编号	固定资产名称	使用部门	原值	使用年限／年	残值率	已使用月份	本月折旧	累计折旧
3	仓库	仓储部	22 272 000.00	50	5%	60	35 264.00	2 151 104.00
4	汽车涂装流水线 A	涂装车间	1 200 000.00	10	5%	60	9 500.00	579 500.00
5	汽车涂装流水线 B	涂装车间	1 200 000.00	10	5%	60	9 500.00	579 500.00
6	汽车涂装流水线 C	涂装车间	1 200 000.00	10	5%	60	9 500.00	579 500.00
7	空气压缩机	涂装车间	240 000.00	10	5%	60	1 900.00	115 900.00
		总装车间	360 000.00	10	5%	60	2 850.00	173 850.00
8	汽车总装流水线甲	总装车间	6 681 600.00	10	5%	60	52 896.00	3 226 656.00
9	汽车总装流水线乙	总装车间	10 200 000.00	10	5%	12	80 750.00	1 049 750.00
10	汽车总装流水线丙	总装车间	10 200 000.00	10	5%	12	80 750.00	1 049 750.00
11	维修设备	维修车间	1 740 000.00	10	5%	60	13 775.00	840 275.00
12	轿车	总经办	2 375 040.00	8	5%	60	23 503.00	1 433 683.00
13	叉车	仓储部	240 000.00	8	5%	60	2 375.00	144 875.00
14	笔记本电脑	采购部	75 000.00	3	0%	3	2 083.33	8 333.33
		营销部	300 000.00	3	0%	3	8 333.34	33 333.34
		仓储部	75 000.00	3	0%	3	2 083.33	8 333.33
		小计	450 000.00	3	0%	3	12 500.00	50 000.00
15	台式计算机	总经办	145 800.00	3	0%	3	4 050.00	16 200.00
		财务部	194 400.00	3	0%	3	5 400.00	21 600.00
		人事部	145 800.00	3	0%	3	4 050.00	16 200.00
		小计	486 000.00	3	0%	3	13 500.00	54 000.00
16	办公桌	营销部	36 000.00	5	0%	3	600.00	2 400.00
17	办公椅	营销部	12 000.00	5	0%	3	200.00	800.00
18	文件柜	营销部	12 000.00	5	0%	3	200.00	800.00
19	合计		83 888 640.00	—	—	—	389 121.00	14 445 381.00

财务主管：李丽　　　　　　　　复核：王苗　　　　　　　　会计：伊正青

单据 33-2

固定资产折旧费用分配表

2020 年 12 月 26 日　　　　　　　　　　　　单位：元

应借账户	部门		上月折旧额	上月增加折旧额	上月减少折旧额	本月应提折旧额
管理费用	行政部、运营部（营销部除外）		84 793.66	0.00	0.00	84 793.66
销售费用	营销部		15 318.34	0.00	0.00	15 318.34
制造费用	涂装车间		12 935.20	0.00	0.00	12 935.20
	总装车间		16 644.00	0.00	0.00	16 644.00
基本生产成本	涂装车间	黑色轿车	9 500.00	0.00	0.00	9 500.00
		白色轿车	9 500.00	0.00	0.00	9 500.00
		红色轿车	9 500.00	0.00	0.00	9 500.00
	总装车间	黑色轿车	71 465.33	0.00	0.00	71 465.33
		白色轿车	71 465.33	0.00	0.00	71 465.33
		红色轿车	71 465.33	0.00	0.00	71 465.33
辅助生产成本	维修车间		16 533.80	0.00	0.00	16 533.80
合计			389 121.00			389 121.00

财务主管：李丽　　　　　　　复核：王苗　　　　　　　会计：伊正青

单据 33-3

使用权资产折旧费用分配表

2020 年 12 月 26 日　　　　　　　　　　　　单位：元

应借账户	部门	上月折旧额	上月增加折旧额	上月减少折旧额	本月应提折旧额
管理费用	仓储部	0	0	0	19 106.79
合计		0	0	0	19 106.79

财务主管：李丽　　　　　　　复核：王苗　　　　　　　会计：伊正青

业务 34　12 月 26 日摊销无形资产。相关信息如单据 34 所示。

单据34

无形资产累计摊销计算表

2020 年 12 月 26 日　　　　　　　　　　　单位：元

项目	原值	使用年限	年摊销额	月摊销额	累计摊销额
SAP 管理软件	360 000.00	10.00	36 000.00	3 000.00	183 000.00
合计	360 000.00	——	36 000.00	3 000.00	183 000.00

财务主管：李丽　　　　　　复核：王苗　　　　　　　　会计：伊正青

业务 35　2020 年 12 月 26 日，收回委托加工发动机。相关信息如单据 35-1～单据 35-7 所示。

单据 35-1

中国工商银行　网上银行电子回单

电子回单号码：4470-3680-2432-1789　　　　　　打印日期：2020 年 12 月 26 日

付款人	户　名	南京长风汽车有限责任公司	收款人	户　名	南京市伟翔汽车配件加工厂
	账　号	6320100133334444666		账　号	6112400844203722001
	开户银行	中国工商银行南京长风路支行		开户银行	中国工商银行南京鼓楼支行

金额	¥4 350 500.00	金额（大写）	人民币肆佰叁拾伍万零伍佰元整
摘要	支付含税辅助材料及加工费	业务（产品）种类	转账
用途			
交易流水号	22678888	时间戳	2020-12-26.00.29.588223

备注：		
	教学版	
验证码：bFcRE72+d8dTuiopbjuml8D88yk=		

记账网点	00221	记账柜员	55520	记账日期	2020 年 12 月 26 日

重要提示：
1. 如果您是收款方，请到工行网站 www.icbc.com.cn 电子回单验证处进行回单验证。2. 本回单不作为收款方发货依据，并请勿重复记账。3. 您可以选择发送邮件，将此电子回单发送给指定的接收人。

【实训内容】

江苏增值税专用发票

教学版

3200204130

江苏
发票联

No 14029880

3200204130
14029880

开票日期: 2020年12月26日

税总函[2020]1××号×××公司	购买方	名　称	南京长风汽车有限责任公司								
		纳税人识别号	913201152010666666B				密码区	454->3985523-*9*>2+0664123/6-3<24+*+<60+<10/556>328*248<45+819/47211044>4>*574<3>8+4<3<*5*5+1558*8*43528-02		
		地址、电话	南京市江宁区长风路29号025-61357777							
		开户行及账号	中国工商银行南京长风路支行6320100133334444666							

货物或应税劳务、服务名称	规格型号	单位	数量	单价	金　额	税率	税　额
*劳务*加工劳务			1	3 850 000.00	3 850 000.00	13%	500 500.00
合　计					¥3 850 000.00		¥500 500.00
价税合计（大写）	⊗ 肆佰叁拾伍万零伍佰元整				（小写）¥4 350 500.00		

第三联：发票联　购买方记账凭证

销售方	名　称	南京市伟翔汽车配件加工厂	备注
	纳税人识别号	913201001357924688B	
	地址、电话	江苏省南京市鼓楼区双喜路8号025-91280662	
	开户行及账号	中国工商银行南京鼓楼支行6112400844203722001	

收款人：梅子卿　　复核：刘天和　　开票人：于顺鑫　　销售方：

南京市伟翔汽车配件加工
（章）320100135792468B
发票专用章

货物运输合同

委托方（甲方）：南京长风汽车有限责任公司
承运方（乙方）：南京路安运输公司

甲乙双方本着友好协商、平等自愿的原则，签订此运输协议，现就如下事项进行约定，由双方共同遵照执行。

1. 甲方委托乙方承接委托加工收回的 1 000 个 WXFDJ-008 发动机总成，乙方须安全、准时、完整地将承运货物送到甲方指定地点，并交付给甲方。

2. 甲方应提前六个小时向乙方提出用车计划，乙方应在指定的时间将相应车辆派发指定地点装货。

3. 经双方友好协商，合计不含税运费为 150 000.00 元（大写：壹拾伍万元整），乙方在甲方确认收货签字后 3 日内支付运费。

4. 乙方收到运费后应为甲方开具增值税专用发票。

5. 运费支付方式：银行转账现付（√）、货到付款（　）、月结（　）。

……

甲方：南京长风汽车有限责任公司
法定代表人：郭一冰
签约时间：2020 年 12 月 26 日

乙方：南京路安运输公司
法定代表人：李来贵
签约时间：2020 年 12 月 26 日

单据 35-4

中国工商银行　网上银行电子回单

电子回单号码：4470-3680-2432-1790　　　　　　打印日期：2020 年 12 月 26 日

付款人	户　名	南京长风汽车有限责任公司	收款人	户　名	南京路安运输公司
	账　号	6320100133334444666		账　号	6320106151003060055
	开户银行	中国工商银行南京长风路支行		开户银行	中国工商银行南京市双彩路支行
金额		¥163 500.00	金额（大写）		人民币壹拾陆万叁仟伍佰元整
摘要		支付运费	业务（产品）种类		转账
用途					
交易流水号		22678889	时间戳		2020-12-26.00.30.588224

备注：

教学版

验证码：bFcRE72+d8dTuiopbjumI8D89yk=

记账网点	00221	记账柜员	55520	记账日期	2020 年 12 月 26 日

重要提示：

　　1. 如果您是收款方，请到工行网站 www.icbc.com.cn 电子回单验证处进行回单验证。2. 本回单不作为收款方发货依据，并请勿重复记账。3. 您可以选择发送邮件，将此电子回单发送给指定的接收人。

单据 35-5

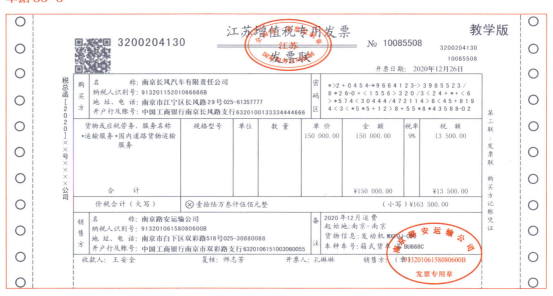

单据 35-6

委托加工入库单

加工单位：南京市伟翔汽车配件加工厂　　　　　　　　单据日期：2020 年 12 月 26 日

序号	商品名称	规格	单位	送货数量	入库数量	备注
1	发动机总成	WXFDJ-008	个	1 000	1 000	
合计				1 000	1 000	

单据 35-7

委托加工成本计算单

2020 年 12 月 31 日　　　　　　　　　　　单位：元

材料耗用及其他相关成本				完工产品成本			
品名	数量/个	单价/（元/个）	金额	品名	数量/个	单价	金额
缸体	1 000	3 000.00	3 000 000.00	发动机 WXFDJ-008	1 000	11 800.00	11 800 000.00
增压器	1 000	1 500.00	1 500 000.00				
缸盖	1 000	800.00	800 000.00				
凸轮轴	1 000	2 500.00	2 500 000.00				
加工费	1 000	3 850.00	3 850 000.00				
运输费	1 000	150.00	150 000.00				
合计			11 800 000.00	合计			11 800 000.00

审核：李丽　　　　　　　　　　　　　　　　　　　　　制表：伊正青

　　业务 36　12 月 27 日，返还特日行汽车销售公司上月销售汽车的利润。相关信息如单据 36-1～单据 36-3 所示。

单据 36-1

汽车销售合同

购货方（甲方）：特日行汽车销售公司

销货方（乙方）：南京长风汽车有限责任公司

甲、乙双方遵循自愿、公平、诚实信用的原则，经友好协商，就购销货物相关事宜达成一致，签订本协议。

1. 根据双方的协议，乙方向甲方以每辆不含税售价 155 000 元的价格向其销售 40 辆白色长风牌小轿车，不含税金额合计为 6 200 000.00 元（大写：陆佰贰拾万元整）。甲方需以同样的价格（每辆不含税售价 155 000 元）对外销售该批小轿车，销售完成后由乙方向甲方返还不含税销售收入的 5%，即 310 000.00 元（含税）作为利润，弥补甲方的进销差价损失。

2. 乙方应在合同签订之日起 5 日内交付货物，运费及保险费由甲方负担。

3. 甲方应在收货当日将收货情况确认给乙方，如未回传邮件或提出书面异议，视为货物已经接受无异议。甲方应在收到货物当天以银行存款方式支付款项。

......

甲方：特日行汽车销售公司

法定代表人：杨洋

签约时间：2020 年 11 月 2 日

乙方：南京长风汽车有限责任公司

法定代表人：郭一冰

签约时间：2020 年 11 月 2 日

单据 36-2

中国工商银行　网上银行电子回单

电子回单号码：1188-3881-2002-3322　　　　　打印日期：2020 年 12 月 27 日

付款人	户　名	南京长风汽车有限责任公司	收款人	户　名	特日行汽车销售公司
	账　号	6320100133334444666		账　号	6227440132214678
	开户银行	中国工商银行南京长风路支行		开户银行	中国建设银行工业大道分行
金额	¥310 000.00		金额（大写）	人民币叁拾壹万元整	
摘要			业务（产品）种类	跨行发报	
用途					
交易流水号	195430630		时间戳	2020-12-27.20.11.587856	

备注：

教学版

验证码：BnPN72+d8dTnuiklojumI8D85ow=

记账网点	00221	记账柜员	55520	记账日期	2020 年 12 月 27 日

重要提示：

1. 如果您是收款方，请到工行网站 www.icbc.com.cn 电子回单验证证处进行回单验证。2. 本回单不作为收款方发货依据，并请勿重复记账。3. 您可以选择发送邮件，将此电子回单发送给指定的接收人。

湖北增值税普通发票

教学版

042002000404

湖北
发票联

№ 59066164

042002000404
59066164

校验码 9652811548904582365

开票日期：2020年12月27日

| 购买方 | 名　称：南京长风汽车有限责任公司
纳税人识别号：9132011520106666B
地址、电话：南京市江宁区长风路29号 025-61357777
开户行及账号：中国工商银行南京长风路支行 6320100133334444666 | 密码区 | -*9*>2+0664123454->3985523/
0328*26-3<>+<624+*+<10/556
4044>8<45+819/472114>*574<3
>8+53<*5*558*8*4+128-02354< |

货物或应税劳务、服务名称	规格型号	单位	数量	单价	金额	税率	税额
*机动车*乘用车（排气量在1.5升 以上至2.0升（含））			1	274 336.28	274 336.28	13%	35 663.72
合　计					¥274 336.28		¥35 663.72
价税合计（大写）　⊗叁拾壹万元整					（小写）¥310 000.00		

| 销售方 | 名　称：特日行汽车销售公司
纳税人识别号：4300007823903647BJ
地址、电话：湖北省武汉市江汉区工业大道88号 027-84659119
开户行及账号：中国建设银行工业大道分行 6227440132214678 | 备注 | 平销返利310 000.00元 |

特日行汽车销售公司
4300007823903647BJ
发票专用章

收款人：王梅　　复核：陆瑶　　开票人：张美心　　销售方：（章）

第二联：发票联　购买方记账凭证

税总函[2016]×××号×××公司

业务 37　12月28日，委托南京聚合广告有限公司设计的一则啤酒广告制作完成。相关信息如单据 37-1～单据 37-3 所示。

单据 37-1

广告制作合同

甲方：南京长风汽车有限责任公司

乙方：南京聚合广告有限公司

甲乙双方经友好协商，现就乙方接受甲方委托，承揽广告制作设计事宜达成如下一致协议。

第一条　合同内容及要求

1. 甲方委托乙方制作设计小汽车宣传广告，乙方按照甲方要求执行。
2. 乙方设计的样本素材应经过甲方确认签字后才可以进行制作。
3. 乙方应于 2020 年 12 月 28 日之前交付需制作的广告成品。

第二条　设计与制作费用

1. 设计与制作费用含税金额总计：¥1 590 000.00（大写：壹佰伍拾玖万元整）。
2. 乙方将设计制作成品交付甲方时，甲方向乙方支付全部价款。甲方付款完毕后，广告作品的所有权归甲方所有。

第三条　资金支付方式

银行转账支付。

……

甲方：南京长风汽车有限责任公司

法定代表人：鄂一冰

签约时间：2020 年 12 月 7 日

乙方：南京聚合广告有限公司

法定代表人：邵龙

签约时间：2020 年 12 月 7 日

单据37-2

中国工商银行　网上银行电子回单

电子回单号码：1790-3004-5432-1221　　　　　　　　打印日期：2020 年 12 月 28 日

付款人	户　名	南京长风汽车有限责任公司	收款人	户　名	南京聚合广告有限公司
	账　号	6320100133334444666		账　号	622202028801907663
	开户银行	中国工商银行南京长风路支行		开户银行	中国农业银行南京中山路支行
	金额	¥1 590 000.00		金额（大写）	人民币壹佰伍拾玖万元整
	摘要			业务（产品）种类	跨行发报
	用途				
	交易流水号	63673210		时间戳	2020-12-28.12.09.55996

备注：

教学版

验证码：mFnPN72+d8dTkertbjumI8D44nb=

记账网点	00221	记账柜员	55520	记账日期	2020 年 12 月 28 日

重要提示：

1. 如果您是收款方，请到工行网站 www.icbc.com.cn 电子回单验证处进行回单验证。2. 本回单不作为收款方发货依据，并请勿重复记账。3. 您可以选择发送邮件，将此电子回单发送给指定的接收人。

单据37-3

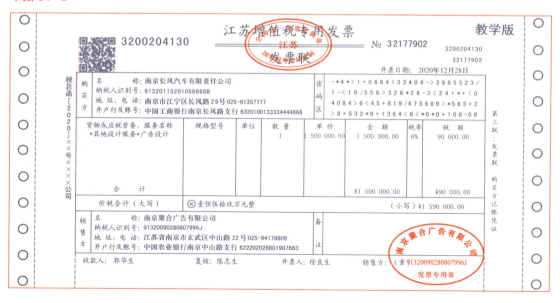

业务 38　12 月 28 日，发出骏皓长风汽车销售公司 12 月 10 日购买的剩余的 20 辆红色小轿车和 10 辆黑色小轿车。相关信息如单据 38-1～单据 38-2 所示。

单据 38-1

产品出库单

购货单位：骏皓长风汽车销售公司　　　2020 年 12 月 28 日　　　　　　　编号：005

产品名称	单位	出库数量	备注
长风牌小轿车（红色）	辆	20	12 月 10 日骏皓长风汽车销售公司购买
长风牌小轿车（黑色）	辆	10	12 月 10 日骏皓长风汽车销售公司购买
合计		30 辆	

仓储部主管：付翔　　　　　　　　　　　　　　　　　　经手人：张喜乐

单据 38-2

中国工商银行　网上银行电子回单

电子回单号码：1122-1865-2992-3877　　　　　　　打印日期：2020 年 12 月 28 日

付款人	户　名	骏皓长风汽车销售公司	收款人	户　名	南京长风汽车有限责任公司
	账　号	6222333355551288		账　号	6320100133334444666
	开户银行	中国工商银行光明路支行		开户银行	中国工商银行南京长风路支行
金额		¥10 509 000.00	金额（大写）		人民币壹仟零伍拾万零玖仟元整
摘要			业务（产品）种类		转账
用途					
交易流水号		60550755	时间戳		2020-12-28.32.44.518666

备注：收到全部款项

教学版

验证码：opbjumI32ykyuopnPN72+d8dTui=

记账网点	00221	记账柜员	55520	记账日期	2020 年 12 月 28 日

重要提示：

　　1. 如果您是收款方，请到工行网站 www.icbc.com.cn 电子回单验证处进行回单验证。2. 本回单不作为收款方发货依据，并请勿重复记账。3. 您可以选择发送邮件，将此电子回单发送给指定的接收人。

业务 39　12 月 28 日，奖励营销部经理章露小汽车一辆。相关信息如单据 39-1～单据 39-3 所示。

单据 39-1

会议通知

　　2020 年是丰收的一年，公司销售业绩再创新高，自公司成立以来，公司业绩蒸蒸日上，这是营销部全体同事共同努力的结果。为激励销售团队，提高销售人员主观能动性，现决定奖励销售业绩突出的员工章露自产小轿车一辆，也希望其他销售人员不断成长，共同创造企业更好的明天。

　　会议参加人：总经理、各部门负责人

　　　　　　　　　　　　　　　　　　　　　　　　单位：南京长风汽车有限责任公司

　　　　　　　　　　　　　　　　　　　　　　　　2020 年 12 月 28 日

单据 39-2

产品出库单

商品用途：非货币福利　　　　　　2020 年 12 月 28 日　　　　　　编号：001

品名	计量单位	领用数量	市场不含税价	金额	增值税	价税合计	备注
长风牌小轿车（白色）	辆	1	155 000.00 元／辆	155 000.00	20 150.00	175 150.00	奖励给优秀销售个人章露
合计				155 000.00	20 150.00	175 150.00	

领取人：王苗　　　　　　　　保管人：付翔　　　　　　　　会计：李丽

二、记账凭证

单据 39-3

车辆移交证明

　　甲方：南京长风汽车有限责任公司

　　乙方：章露

　　因章露（乙方）业绩突出，特奖励汽车一辆，现甲方将小轿车转移给乙方，相关信息如下：

　　1. 甲方已于 2020 年 12 月 28 日将小轿车交付给乙方，乙方已验收无误。

　　2. 车辆情况：

　　汽车品牌及型号规格：长风牌小轿车 CF6456（CRV_1.6）

　　车架号码：CFPM451234A4P2356，发动机号码：CF4U069793

　　颜色：　白色　。

　　3. 后续甲方应配合乙方提供相关的证明文件、凭证及收据等。

　　4. 车辆所有权从车辆交付时起转移，交付后产生的风险、责任和费用均由乙方承担，与甲方无关。

　　甲方：南京长风汽车有限责任公司　　　　　　乙方：章露

　　2020 年 12 月 28 日　　　　　　　　　　　　2020 年 12 月 28 日

业务40　12 月 29 日仓储部领用标签纸。相关信息如单据 40 所示。

单据40

材料领用单

2020 年 12 月 29 日　　　　　　　编号：001

领用部门	仓储部门	材料名称	标签纸
用途	零配件分类	领用数量	100 包
单位成本	20.00 元 / 包	总成本	2 000.00 元
审批人	金信	领用人	付翔

业务41　2020 年 12 月 29 日，计提存货跌价准备。相关信息如单据 41-1～单据 41-2 所示。

单据41-1

空调音响总成价格市场调查报告

一、基本情况

今年以来，受多种因素的影响，全国范围内空调市场已趋于饱和，造成我公司生产汽车所用的空调音响总成配件价格持续下跌，从销售价格来看，12 月上旬其销售价格为 1 900 元 / 个、中旬销售价格为 1 750 元 / 个、下旬销售价格为 1 500 元 / 个，呈下跌趋势。

二、空调音响总成价格持续下跌的原因

近期空调音响总成价格下跌属于全国趋势，主要是受市场供给量增加影响，导致供大于求，价格下跌。

三、后期预测

空调音响总成价格可能会持续下跌，并持续一段时间。预计明年 6 月开始随着气候、产业结构调整升级等因素变化，需求量增大，价格将会逐渐提高。

四、建议

1. 建议政府加大市场调控力度，指导和调节空调供给结构。

2. 建议企业不要盲目跟风，根据自己的生产经营需要合理安排空调音响总成的使用和购进情况。

上浦市场调研咨询公司

2020 年 12 月 29 日

单据 41-2

库存空调音响总成销售决议

根据市场调研情况分析报告可知，目前全国空调音响总成市场价格持续走低，公司空调音响总成库存较多，管理成本过大。经公司管理层表决，决议将公司库存的 1 000 个空调音响总成（账面成本 1 900 元／个）对外销售，其余空调音响总成仍用于生产汽车。目前空调音响总成的市场销售价格为 1 500 元／个，预计出售该批空调音响总成发生销售费用 185 600 元，发生相关税费 114 400 元。请相关人员积极跟进该决议，做好相关的准备。

总经办

2020 年 12 月 29 日

业务 42 2020 年 12 月 30 日，向苏州炜烨汽车销售公司销售一批小轿车。相关信息如单据 42-1～单据 42-4 所示。

单据 42-1

汽车销售合同

购货方（甲方）：苏州炜烨汽车销售公司
销货方（乙方）：南京长风汽车有限责任公司

甲、乙双方遵循自愿、公平、诚实信用的原则，经友好协商，就购销货物相关事宜达成一致，签订本协议。

第一条 目的及标的物
根据双方的协议乙方向甲方销售长风牌小轿车一批，车辆含税金额合计为 15 763 500 元（大写：壹仟伍佰柒拾陆万叁仟伍佰元整），货物明细如下。

品牌（车辆）名称	规格型号	颜色	单价（含税价）	数量	总金额（含税）
长风牌小轿车	CF6456（CRV_1.6）	白色	175 150.00 元／辆	20 辆	3 503 000.00
长风牌小轿车	CF6456（CRV_1.6）	红色	175 150.00 元／辆	40 辆	7 006 000.00
长风牌小轿车	CF6456（CRV_1.6）	黑色	175 150.00 元／辆	30 辆	5 254 500.00
合计					15 763 500.00

第二条 交货时间、地点及方式
乙方应在合同签订之日起 5 日内交付货物，运费及保险费由甲方负担。

第三条 资金支付条款
1. 甲方应在收货当日将收货情况确认给乙方，如未回传邮件或提出书面异议，视为货物已经接收无异议。
2. 乙方应在发出货物的同时开具增值税专用发票。
3. 甲方委托中国工商银行向乙方支付货款，甲方应在 2021 年 1 月 20 日将货款支付给中国工商银行。
……

甲方：苏州炜烨汽车销售公司
法定代表人：陆小曼
签约时间：2020 年 12 月 30 日

乙方：南京长风汽车有限责任公司
法定代表人：第一冰
签约时间：2020 年 12 月 30 日

【实训内容】

托收凭证（受理回单）

委托日期　2020 年 12 月 30 日

业务类型		委托收款 ☑邮划　□电划				托收承付　□邮划　□电划										
付款人	全称	苏州炜烨汽车销售公司			收款人	全称	南京长风汽车有限责任公司									
	账号	620056732673890				账号	6320100133334444666									
	地址	苏州市姑苏区	开户行	中国工商银行苏州大望路支行		地址	江苏省南京市	开户行	工行长风路支行							
金额		人民币（大写）　壹仟伍佰柒拾陆万叁仟伍佰元整					亿	千	百	十万	千	百	十	元	角	分
						¥	1	5	7	6	3	5	0	0	0	0
款项内容	货款		托收凭据（名称）	发票		附寄单证张数		2								
商品发运情况		货已发出		合同名称号码			CF78444									
备注：		款项收妥日期　　2021 年 1 月 20 日				收款人开户银行签章　2020-12-30										

此联为收款人开户银行给收款人的受理回单

中国工商银行　南京长风路支行　2020·12·30　业务受理章（7）

江苏增值税专用发票　教学版

3200204130　　No 20409710

3200204130
20409710

江苏　记账联

开票日期：2020 年 12 月 30 日

税总函[2020]××号×××公司

购买方	名　称：苏州炜烨汽车销售公司 纳税人识别号：32050800782120806B 地　址、电话：江苏省苏州市姑苏区大望路工业园 0512-8074231 开户行及账号：中国工商银行苏州大望路支行620056732673890	密码区	-*9*>-66412345>3985523/2+04 0+<10/556>328*26 -3<24+*+<6 403<45+819/47244>814*>574<1 >8+558-08*8*4354<3< *5*5+122

货物或应税劳务、服务名称	规格型号	单位	数量	单价	金额	税率	税额
*机动车*乘用车（排气量在1.5升以上至2.0升（含））		辆	90	155 000.00	13 950 000.00	13%	1 813 500.00
合　计					¥13 950 000.00		¥1 813 500.00
价税合计（大写）	⊗壹仟伍佰柒拾叁万伍仟伍佰元整				（小写）¥15 763 500.00		

第一联：记账联　销售方记账凭证

销售方	名　称：南京长风汽车有限责任公司 纳税人识别号：91320115201066666B 地　址、电话：南京市江宁区长风路 29 号 025-61357777 开户行及账号：中国工商银行南京长风路支行6320100133334444666	备注	

收款人：马晓芝　　复核：伊正青　　开票人：马进　　销售方：（章）

83

单据42-4

产品出库单

购货单位：苏州炜烨汽车销售公司　　　2020年12月30日　　　　　　　编号：006

产品名称	单位	出库数量	备注
长风牌小轿车（白色）	辆	20	委托银行2021.1.20日收款
长风牌小轿车（红色）	辆	40	委托银行2021.1.20日收款
长风牌小轿车（黑色）	辆	30	委托银行2021.1.20日收款
合计		90辆	

仓储部主管：付翔　　　　　　　　　　　　　　　　　　　　经手人：张喜乐

业务43　12月30日，上月已确认收入并开具增值税专用发票的销售业务，本月发生销售退回。已知：该批小轿车已结转的成本为81 500元/辆。相关信息如单据43-1~单据43-6所示。

单据43-1

小轿车退货协议

甲方：南京长风汽车有限责任公司

乙方：南京博胜汽车销售公司

甲乙双方经友好协商，现就上月销售货物退货事项达成以下协议。

1. 因甲方2020年11月份销售给乙方的小轿车中有2辆白色小轿车存在质量问题，乙方要求退货。（合同编号：9801120，每辆不含税价款为155 000元。）

2. 经甲乙双方协商后决定乙方负责将2辆小轿车运送到甲方仓库，经验收后甲方给与乙方全额退款，退款金额价税合计为350 300.00元（大写：叁拾伍万零叁佰元整）。

3. 甲方应为乙方开具红字增值税专用发票。

……

甲方：南京长风汽车有限责任公司　　　　　　乙方：南京博胜汽车销售公司

法定代表人：郭一林　　　　　　　　　　　　法定代表人：李夏梦

签约时间：2020年12月30日　　　　　　　　签约时间：2020年12月30日

中国工商银行　网上银行电子回单

电子回单号码：0790-5432-14522-3134　　　　　　　　打印日期：2020 年 12 月 30 日

付款人	户　名	南京长风汽车有限责任公司	收款人	户　名	南京博胜汽车销售公司
	账　号	6320100133334444666		账　号	622202028801907663
	开户银行	中国工商银行南京长风路支行		开户银行	中国农业银行南京中山路支行
金额		¥350 300.00	金额（大写）		人民币叁拾伍万零叁佰元整
摘要		支付退款 350 300 元	业务（产品）种类		跨行发报
用途					
交易流水号		67331163	时间戳		2020-12-30.12.33.85511

备注：

教学版

验证码：rtb jumI8D55nbNsnPN72+d6dFHe=

记账网点	00221	记账柜员	55520	记账日期	2020 年 12 月 30 日

重要提示：

　　1. 如果您是收款方，请到工行网站 www.icbc.com.cn 电子回单验证处进行回单验证。2. 本回单不作为收款方发货依据，并请勿重复记账。3. 您可以选择发送邮件，将此电子回单发送给指定的接收人。

应退税金及附加计算单

2020 年 12 月

退货名称	应退项目	退税依据		应退金额／元
小轿车	消费税	不含税销售额	310 000 元	15 500.00
	城建税	应退消费税	15 500 元	1 085.00
	教育费附加	应退消费税	15 500 元	465.00
	地方教育附加	应退消费税	15 500 元	310.00
合计				17 360.00

审核：李丽　　　　　　　　　　　　　　　　　　　　制单：伊正青

单据 43-4

开具红字增值税专用发票信息表

填开日期：2020-12-30 14:10:32　　申请经办人：9132011520106666B　　NO.d4d9d8be42330031

销售方	名称：南京长风汽车有限责任公司 纳税人识别号：91320115201066666B	购买方	名称：南京博胜汽车销售公司 纳税人识别号：923201208003213890

货物或应税劳务、服务名称	规格型号	单位	数量	单价	金额（不含税）	税率	税额
＊机动车＊乘用车（排气量在1.5升以上至2.0升（含））	CF6456（CRV_1.6）	辆	−2	155 000.00	−310 000.00	13%	−40 300.00
合计				金额：¥−310 000.00		税额：¥−40 300.00	

说明	○一、购买方申请 对应蓝字增值税专用发票抵扣增值税销项税额情况： ○1. 已抵扣 ○2. 未抵扣 ○二、销售方申请	对应蓝字专用发票密码区内打印的发票信息： 发票代码：3200432456 发票号码：4906345 发票种类：增值税专用发票

单据 43-5

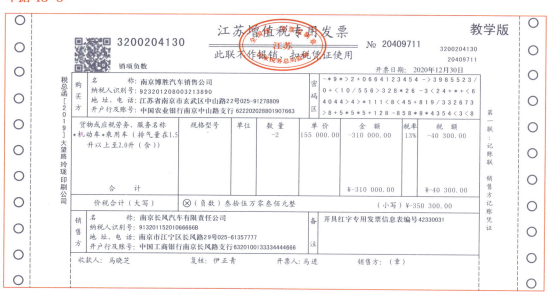

单据 43-6

产品入库单

产品名称：白色小轿车　　　　　　2020 年 12 月 30 日　　　　　　仓库：1 号仓库

品名	单位	数量	单位成本	金额／元	备注
白色小轿车	辆	2	81 500.00 元／辆	163 000.00	销售退回

负责人：徐小夏　　　　　　　　　　　　　　　　　　经手人：付翔

业务 44　12 月 30 日，在财产清查中发现上月购进的电器总成受潮损坏，该批电器总成未计提存货跌价准备。相关信息如单据 44-1～单据 44-2 所示。

单据 44-1

财产清查报告单

财产类别：原材料　　　　　　2020 年 12 月 30 日　　　　　　存放地点：1 号材料库

编号	品名规格	计量单位	单价／元	实存 数量	实存 金额	账存 数量	账存 金额	盘盈 数量	盘盈 金额	盘亏 数量	盘亏 金额	涉及进项税额
118	电器总成	个	750	170	127 500.00	320	240 000.00			150	112 500.00	14 625.00
合计					127 500.00		240 000.00				112 500.00	
原因		仓库漏雨										

财务主管：李丽　　　　　　保管人：付翔　　　　　　　　　制单：伊正青

单据 44-2

关于 2020 年度财产清查盘点结果及账务处理的决定

　　年终财产清查工作现已结束，盘点过程中发现编号为 118 的电器总成（不含税单价为 750 元／个）实际数量 170 个、账存数量 320 个，共计盘亏 150 个。根据财务制度和企业会计准则规定，对盘亏的材料作如下处理：

　　盘亏的原材料属于保管不当导致，由保管员付翔赔偿 5 000.00 元后，剩余损失计入管理费用。特此通告。

2020 年 12 月 30 日

业务 45 12 月 30 日，公司进行现金盘点。相关信息如单据 45-1～单据 45-2 所示。

单据 45-1

关于 2020 年度财产清查盘点结果及账务处理的决定

年终财产清查工作现已结束，盘点过程中发现库存现金实际余额为 43 370 元、账面余额为 34 870 元，共计盘盈库存现金 8 500 元。根据财务制度和企业会计准则规定，对盘盈的现金作如下处理：

经核实，盘盈现金中的 5 000 元属于应支付给营销部员工张喜乐的报销款，剩余盘盈金额无法查明原因，故计入营业外收入。

特此通告。

2020 年 12 月 30 日

单据 45-2

库存现金盘点表

单位：南京长风汽车有限责任公司　　盘点日：2020 年 12 月 30 日

票面额	张数	金额／元	票面额	张数	金额／元
壹佰元	400	40 000.00	伍角		
伍拾元	50	2500.00	贰角		
贰拾元	40	800.00	壹角		
拾元	1	10.00	伍分		
伍元	4	20.00	贰分		
贰元	0	0.00	壹分		
壹元	40	40.00	合计	535	￥43 370.00
减：已收讫未出账的账单					0.00
调整后实际账面余额					￥43 370.00
现金日记账账面余额					￥34 870.00
差额					￥8 500.00

出纳：马晓芝　　　　　　　　　　　　　　　　　　　盘点人：伊正青

业务 46　12 月 30 日，支付行政罚款。相关信息如单据 46-1～单据 46-2 所示。

单据 46-1

江苏省安全生产监督管理局行政处罚决定书　　教学版

宁安监罚〔2020〕187 号

南京长风汽车有限责任公司：

统一社会信用代码：913201115201066666B

地址：南京市江宁区长风路 29 号

法定代表人（负责人）：郭一冰

我局于 2020 年 12 月 26 日对你（单位）进行了检查，发现你（单位）实施安全生产教育和培训计划不到位（未涉及装卸货操作规程作业培训，未对培训人员进行考核），其行为违反了《中华人民共和国安全生产法》第十八条第（三）、（五）项的规定。

我局决定对你（单位）处以如下行政处罚：

罚款金额：¥229 619.89（大写：人民币贰拾贰万玖仟陆佰壹拾玖元捌角玖分）。

限你（单位）于接到本处罚决定之日起 15 日内缴至指定银行和账号。逾期不缴纳罚款的，我局可以根据《中华人民共和国行政处罚法》第五十一条第一项规定每日按罚款数额的 3% 加处罚款。

收款银行：南京市农商银行

户名：南京市非税收入管理局

账号：470030122000000480

你（单位）如不服本处罚决定，可在收到本处罚决定书之日起 60 日内向江苏省人民政府申请行政复议，也可以在 6 个月内向江苏省人民法院提起行政诉讼。申请行政复议或者提起行政诉讼，不停止行政处罚决定的执行。

逾期不申请行政复议，不提起行政诉讼，又不履行本处罚决定的，我局将依法申请人民法院强制执行。

2020 年 12 月 26 日

单据46-2

中国工商银行　网上银行电子回单

电子回单号码：4431-3271-5000-1882　　　　　　　　　打印日期：2020 年 12 月 30 日

付款人	户　名	南京长风汽车有限责任公司	收款人	户　名	南京市非税收入管理局
	账　号	6320100133334444666		账　号	470030122000000480
	开户银行	中国工商银行南京长风路支行		开户银行	南京市农商银行
金额		¥229 619.89	金额（大写）		人民币贰拾贰万玖仟陆佰壹拾玖元捌角玖分
摘要		支付罚款	业务（产品）种类		转账
用途		缴纳罚款宁安监罚〔2020〕187 号			
交易流水号		87367255	时间戳		2020-12-30.02.05.432786
备注：					
		教学版			
验证码：72+d5ykbFcRE8dTkertbjumI8D3=					
记账网点	00221	记账柜员	55520	记账日期	2020 年 12 月 30 日

重要提示：

　　1. 如果您是收款方，请到工行网站 www.icbc.com.cn 电子回单验证处进行回单验证。2. 本回单不作为收款方发货依据，并请勿重复记账。3. 您可以选择发送邮件，将此电子回单发送给指定的接收人。

业务 47　12 月 30 日，向南京通达汽配公司销售一台维修车间的四轮定位设备。相关信息如单据 47-1～单据 47-5 所示。

单据47-1

南京长风汽车有限责任公司会议决议

　　经讨论维修车间 2015 年购入的一台四轮定位设备已不符合生产需要，故计划变卖处置。该设备原值 54 000 元，预计残值率 5%，已提折旧 26 077.5 元。

　　本次决议不属于公司重大变动事项，无须经过股东大会审批。免于按照相关规定披露和履行相应程序，符合有关规定。

　　特此通告。

2020 年 12 月 30 日

单据 47-2

固定资产处置报告单

固定资产编号：GZ-23   2020 年 12 月 30 日

固定资产名称	单位	数量	预计使用年限	已使用年限	原始价值	残值率	已提折旧	已计提减值	清理原因
四轮定位设备	台	1	10 年	61 个月	54 000.00	5%	26 077.50	0	淘汰
使用部门：维修车间									
固定资产状况	待出售								

处理意见	使用部门	技术鉴定小组	固定资产管理部门	主管部门审批
	同意出售 吴洋阳	同意出售 方保国	同意出售 徐小夏	同意出售 郭一冰

单据 47-3

四轮定位设备销售合同

购货方（甲方）：南京通达汽配公司

销货方（乙方）：南京长风汽车有限责任公司

甲、乙双方遵循自愿、公平、诚实信用的原则，经友好协商，就购销货物相关事宜达成一致，签订本协议。

第一条 目的及标的物

根据双方的协议，甲方向乙方购买一台动力车间的四轮定位设备，不含税价款为 30 000.00 元（大写：人民币叁万元整）。

第二条 交货时间、地点及方式

乙方应在合同签订之日起 5 日内交付货物，运费及保险由乙方承担。

第三条 资金支付条款

甲方应该在收货当日将收货情况确认给乙方，如未回传邮件或提出书面异议，视为货物已经接受无异议。

……

甲方：南京通达汽配公司　　　　　　　　乙方：南京长风汽车有限责任公司

法定代表人：刘枫林　　　　　　　　　　法定代表人：郭一冰

签约时间：2020 年 12 月 30 日　　　　　签约时间：2020 年 12 月 30 日

单据 47-4

中国工商银行　网上银行电子回单

电子回单号码：5269-3271-2711-9999　　　　　　　打印日期：2020 年 12 月 30 日

付款人	户　名	南京通达汽配公司	收款人	户　名	南京长风汽车有限责任公司
	账　号	6320103601550022308		账　号	6320100133334444666
	开户银行	中国工商银行南京市辽宁路支行		开户银行	中国工商银行南京长风路支行
金额		¥33 900.00	金额（大写）		人民币叁万叁仟玖佰元整
摘要			业务（产品）种类		转账
用途					
交易流水号		61158765	时间戳		2020-12-30.00.00.550336

备注：

教学版

验证码：kXnDE67+d8dTkertbtuil8D89tenb=

记账网点	00221	记账柜员	55520	记账日期	2020 年 12 月 30 日

重要提示：

　　1. 如果您是收款方，请到工行网站 www.icbc.com.cn 电子回单验证处进行回单验证。2. 本回单不作为收款方发货依据，并请勿重复记账。3. 您可以选择发送邮件，将此电子回单发送给指定的接收人。

单据 47-5

业务 48 12 月 30 日，对汽车总装流水线甲进行改扩建。相关信息如单据 48-1～单据 48-6 所示。

单据 48-1

汽车总装流水线甲改扩建通知书

由于本企业生产的汽车市场需求不断扩大，为保证供需平衡，提高企业的生产能力，现公司领导层一致决定，对汽车总装流水线甲进行改扩建，由原来的人工组装改为自动组装机械手组装，以提高其生产能力。

汽车组装流水线甲的情况如下：

1. 原账面价值为 6 681 600 元。

2. 残值率为 5%。

3. 已计提折旧为 3 226 656 元。

4. 未发生过减值。

5. 账面价值为 3 454 944 元。

6. 改扩建过程中将拆下的链板输送机进行销售处理，链板输送机的账面价值为 100 000 元。

……

直接负责人审批：方保国　方保国　　　　总经理审批：郭一冰　郭一冰

时间：2020 年 12 月 30 日　　　　　　　　时间：2020 年 12 月 30 日

单据 48-2

材料领用单

2020 年 12 月 30 日　　　　　　　编号：002

领用部门	生产部门	材料名称	自动组装机械手
用途	汽车总装流水线甲改扩建	领用数量	4 套
单位成本	100 000.00 元／套	总成本	400 000.00 元
审批人	金信	领用人	王晓梅

单据 48-3

链板输送机销售合同

购货方（甲方）：南京飞扬机械有限公司
销货方（乙方）：南京长风汽车有限责任公司

甲、乙双方遵循自愿、公平、诚实信用的原则，经友好协商，就购销货物相关事宜达成一致，签订本协议。

第一条　目的及标的物

根据双方的协议，甲方向乙方购买一批链板输送机，不含税价款为 70 000 元，增值税 9 100 元，（价税合计金额大写：柒万玖仟壹佰元整）。

第二条　交货时间、地点及方式

乙方应在合同签订之日起 5 日内交付货物，运费及保险由甲方承担。

第三条　资金支付条款

甲方应该在收货当日将收货情况确认给乙方，如未回传邮件或提出书面异议，视为货物已经接受无异议。甲方应自货物交付后 3 日内支付款项，支付方式：银行转账。

……

甲方：南京飞扬机械有限公司　　　　　　乙方：南京长风汽车有限责任公司
法定代表人：洪辰歌　　　　　　　　　　法定代表人：郭一冰
签约时间：2020 年 12 月 30 日　　　　　签约时间：2020 年 12 月 30 日

单据 48-4

中国工商银行　网上银行电子回单

电子回单号码：5669-3271-2711-2270　　　　　　打印日期：2020 年 12 月 30 日

付款人	户　名	南京飞扬机械有限公司	收款人	户　名	南京长风汽车有限责任公司
	账　号	6320106000971235608		账　号	6320100133334444666
	开户银行	中国工商银行南京市华兴路支行		开户银行	中国工商银行南京长风路支行
	金额	¥79 100.00		金额（大写）	人民币柒万玖仟壹佰元整
	摘要			业务（产品）种类	转账
	用途				
	交易流水号	61161990		时间戳	2020-12-30.00.00.536309
	备注：				
	教学版				
	验证码：kXnDE67+d8dTkertbjutenbmy8D00=				
记账网点	00221	记账柜员	55520	记账日期	2020 年 12 月 30 日

重要提示：

1. 如果您是收款方，请到工行网站 www.icbc.com.cn 电子回单验证处进行回单验证。2. 本回单不作为收款方发货依据，并请勿重复记账。3. 您可以选择发送邮件，将此电子回单发送给指定的接收人。

单据48-5

单据48-6

固定资产移交报告单

2020 年 12 月 30 日

固定资产名称	规格型号	单位	数量	流水线价款（不含税）	预计使用年限	残值率	来源
汽车总装流水线甲		条	1	3 754 944.00 元	10 年	5%	在建工程转入
备注		更新改造					

使用部门主管：王晓梅　　　　　会计：伊正青　　　　　制单：马晓芝

　　业务49　12月31日，财务人员统计已审核通过的管理部门报销的票据。相关信息如单据49-1~单据49-2所示。

单据 49-1

报销费用明细

2020 年 12 月 31 日

序号	票据类型	价税合计金额	备注	税额	票据数量 / 张
1	住宿费	127 200.00	专用发票	7 200.00	1
2		121 900.00	普通发票	6 900.00	192
3	交通费（飞机）	54 500.00	境内机票	—	34
4	铁路车票	28 340.00	境内铁路注明身份信息	—	55
5	客车客票	1 236.00	注明身份信息	—	10
6		550.00	未注明身份信息	—	66
7	出租车票	1 635.00	卷式发票	—	45
8		1 310.00	电子发票	108.17	34
9	餐费	77 380.00	业务招待费	—	118
10	差旅费津贴	84 000.00	350 元（人 / 天）	—	
	合计	498 051.00	—		

审核：李丽　　　　　　　　　　　　　　　　　　　　　　制表：伊正青

注：款项尚未支付，除单据 49-2 外其他单据略。

单据 49-2

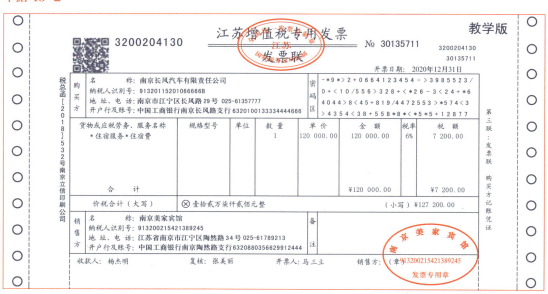

业务 50 2020 年 12 月 31，涂装车间领用材料汇总。相关信息如单据 50-1～单据 50-2 所示。

单据 50-1

领料单

编号：001

2020 年 12 月 31 日　　　　　　　金额单位：元

领料部门	用途	材料品种	计量单位	领用数量	总成本	
					单位成本	金额
涂装车间	汽车涂装	汽车金属漆	套	1 200	1 200.00	1 440 000.00
		车身总成	个	600	8 800.00	5 280 000.00
合计						6 720 000.00
领料部门负责人：吴洋阳			发料部门负责人：金信			
领料人：郭梅			发料人：付翔			

单据 50-2

材料成本分配表

2020 年 12 月 31 日　　　　　　　单位：元

应借账户		成本项目	分配金额
基本生产成本	涂装车间 黑色轿车	材料成本	2 240 000.00
	白色轿车	材料成本	2 240 000.00
	红色轿车	材料成本	2 240 000.00
审核：李丽			制表：伊正青

业务 51 2020 年 12 月 31 日，总装车间领用材料汇总。相关信息如单据 51-1～单据 51-2 所示。

单据 51-1

领料单

编号：002

2020 年 12 月 31 日

金额单位：元

领料部门	用途	材料品种	计量单位	领用数量	总成本	
					单位成本	金额
总装车间	汽车总装	发动机总成 WXFDJ-008	个	600	11 500.00	6 900 000.00
		变速器总成	个	600	6 500.00	3 900 000.00
		前桥总成	个	600	8 500.00	5 100 000.00
		后桥总成	个	600	7 500.00	4 500 000.00
		车架总成	个	600	10 000.00	6 000 000.00
		制动系	个	600	11 000.00	6 600 000.00
		车轮总成	个	600	1 500.00	900 000.00
		牵引装置	个	600	2 500.00	1 500 000.00
		液压系统	个	600	1 500.00	900 000.00
		A 型螺钉	组	15 000	35.00	525 000.00
		B 型螺钉	套	36 000	5.80	208 800.00
		电器总成	个	600	750.00	450 000.00
		空调音响	个	600	1 900.00	1 140 000.00
		C 型螺钉	个	780 000	1.10	858 000.00
		D 型螺钉	套	48 000	16.50	792 000.00
		防冻液	桶	600	48.00	28 800.00
		助力油	升	600	20.00	12 000.00
		玻璃水	桶	600	15.00	9 000.00
		润滑油	桶	600	150.00	90 000.00
合计						40 413 600.00
领料部门负责人：方保国			发料部门负责人：金信			
领料人：王晓梅			发料人：付翔			

单据 51-2

材料成本分配表

2020 年 12 月 31 日

单位：元

应借账户		成本项目	分配金额
基本生产成本	黑色轿车	材料成本	13 471 200.00
	白色轿车	材料成本	13 471 200.00
	红色轿车	材料成本	13 471 200.00

审核：李丽

制表：伊正青

业务 52 2020 年 12 月 31 日，维修车间领用材料汇总。相关信息如单据 52 所示。

单据 52

领料单

编号：003

2020 年 12 月 31 日

金额单位：元

领料部门	用途	材料品种	计量单位	领用数量	总成本	
					单位成本	金额
维修车间	维修	润滑油	桶	1	150	150.00
合计						150.00
领料部门负责人：葛青青				发料部门负责人：金信		
领料人：贺琴				发料人：付翔		

业务 53 2020 年 12 月 31 日，分摊劳保用品费用。相关信息如单据 53-1～单据 53-2 所示。

单据 53-1

劳保用品领料汇总表

金额单位：元

领用单位	用品名称	单价	数量	金额
涂装车间 （直接人工）	工作服	300.00	20	6 000.00
	工作鞋	200.00	20	4 000.00
	手套	45.00	60	2 700.00
	小计			12 700.00
总装车间 （直接人工）	工作服	300.00	15	4 500.00
	工作鞋	200.00	15	3 000.00
	手套	45.00	45	2 025.00
	小计			9 525.00
维修车间	工作服	300.00	4	1 200.00
	工作鞋	200.00	4	800.00
	手套	45.00	12	540.00
	小计			2 540.00
涂装车间 （制造费用）	工作服	300.00	1	300.00
	工作鞋	200.00	1	200.00
	手套	45.00	3	135.00
	小计			635.00
总装车间 （制造费用）	工作服	300.00	1	300.00
	工作鞋	200.00	1	200.00
	手套	45.00	3	135.00
	小计			635.00

单据 53-2

劳保用品费用分配表

2020 年 12 月 31 日   金额单位：元

应借账户			成本项目	分配标准	分配率	分配金额
基本生产成本	涂装车间	黑色	直接人工	1 500	2.822 222 222	4 233.33
		白色	直接人工	1 500	2.822 222 222	4 233.33
		红色	直接人工	1 500	2.822 222 222	4 233.34
		小计		4 500	2.822 222 222	12 700.00
	总装车间	黑色	直接人工	2 000	1.587 5	3 175.00
		白色	直接人工	2 000	1.587 5	3 175.00
		红色	直接人工	2 000	1.587 5	3 175.00
		小计		6 000	1.587 5	9 525.00
制造费用	涂装车间		劳保费			635.00
	总装车间		劳保费			635.00
	小计					1 270.00
辅助生产成本	维修车间		直接人工			2 540.00
	小计					2 540.00
合计						26 035.00

审核：李丽   制表：伊正青

       业务 54   2020 年 12 月 31 日，计提 12 月工资费用，相关信息如单据 54-1～单据 54-2 所示。

单据 54-1

生产工时统计表（2020 年 12 月）

部门	生产工时／小时	部门	生产工时／小时
涂装车间	4 500	总装车间	6 000
其中：黑色	1 500	其中：黑色	2 000
白色	1 500	白色	2 000
红色	1 500	红色	2 000
维修车间	1 060	合计	11 560

工资结算表（2020 年 12 月）

序号	部门	姓名	岗位	类别	基本工资	奖金	岗位津贴	福利费（过节费）	应付工资	代扣工资						个人所得税	实发工资
										养老保险（8%）	医疗保险（2%）	失业保险（0.5%）	住房公积金（12%）	其他扣款	扣款小计		
1	总经办	郭一冰	总经理	企业管理	22 500.00	0	4 500.00	8 000.00	35 000.00	1 728.00	432.00	108.00	2 592.00		4 860.00	4 428.00	25 712.00
2	总经办	王兴华	主管	企业管理	15 000.00	0	1 500.00	5 000.00	21 500.00	1 056.00	264.00	66.00	1 584.00		2 970.00	1 253.00	17 277.00
	小计				37 500.00		6 000.00	13 000.00	56 500.00	2 784.00	696.00	174.00	4 176.00	0	7 830.00	5 681.00	42 989.00
3	财务部	王苗	经理	企业管理	12 000.00	0	1 200.00	5 000.00	18 200.00	844.80	211.20	52.80	1 267.20		2 376.00	204.72	15 619.28
4	财务部	李丽	主管	企业管理	9 000.00	0	1 000.00	5 000.00	15 000.00	640.00	160.00	40.00	960.00		1 800.00	156.00	13 044.00
5	财务部	马晓芝	出纳	企业管理	6 750.00	0	750.00	5 000.00	12 500.00	480.00	120.00	30.00	720.00		1 350.00	154.50	10 995.50
6	财务部	伊正青	会计	企业管理	7 500.00	0	750.00	5 000.00	13 250.00	528.00	132.00	33.00	792.00		1 485.00	0	11 765.00
7	财务部	马进	办税员	企业管理	7 000.00	0	500.00	5 000.00	12 500.00	480.00	120.00	30.00	720.00		1 350.00	184.5	10 965.50
	小计				42 250.00		4 200.00	25 000.00	71 450.00	2 972.80	743.20	185.80	4 459.20	0	8 361.00	699.72	62 389.28
8	人事部	刘宇	经理	企业管理	16 500.00	0	1 500.00	5 000.00	23 000.00	1 152.00	288.00	72.00	1 728.00		3 240.00	1 076.00	18 684.00
9	人事部	于晓鑫	主管	企业管理	8 750.00	0	1 000.00	5 000.00	14 750.00	624.00	156.00	39.00	936.00		1 755.00	179.85	12 815.15
	小计				25 250.00		2 500.00	10 000.00	37 750.00	1 776.00	444.00	111.00	2 664.00	0	4 995.00	1 255.85	31 499.15
10	总装车间	方保国	主任	车间管理	12 150.00	0	1 200.00	5 000.00	18 350.00	854.40	213.60	53.40	1 281.60		2 403.00	208.41	15 738.59
11	总装车间	王晓梅	工人	基本生产	6 500.00	0	750.00	5 000.00	12 250.00	464.00	116.00	29.00	696.00		1 305.00	0	10 945.00
12	总装车间	郭立强	工人	基本生产	6 750.00	0	750.00	5 000.00	12 500.00	480.00	120.00	30.00	720.00		1 350.00	0	11 150.00
13	总装车间	江晴	工人	基本生产	4 550.00	0	750.00	5 000.00	10 300.00	339.20	84.80	21.20	508.80		954.00	0	9 346.00

序号	部门	姓名	岗位	类别	基本工资	奖金	岗位津贴	福利费（过节费）	应付工资	代扣工资						个人所得税	实发工资
										养老保险（8%）	医疗保险（2%）	失业保险（0.5%）	住房公积金（12%）	其他扣款	扣款小计		
14	总装车间	夏之星	工人	基本生产	5 750.00	0	750.00	5 000.00	11 500.00	416.00	104.00	26.00	624.00		1 170.00	159.90	10 170.10
15	总装车间	杨洋	工人	基本生产	5 250.00	0	750.00	5 000.00	11 000.00	384.00	96.00	24.00	576.00		1 080.00	0	9 920.00
16	总装车间	王伟	工人	基本生产	6 250.00	0	750.00	5 000.00	12 000.00	448.00	112.00	28.00	672.00		1 260.00	172.20	10 567.80
17	总装车间	丁运生	工人	基本生产	3 850.00	0	750.00	5 000.00	9 600.00	294.40	73.60	18.40	441.60		828.00	0	8 772.00
18	总装车间	方华英	工人	基本生产	3 850.00	0	750.00	5 000.00	9 600.00	294.40	73.60	18.40	441.60		828.00	0	8 772.00
19	总装车间	郝文杰	工人	基本生产	3 850.00	0	750.00	5 000.00	9 600.00	294.40	73.60	18.40	441.60		828.00	0	8 772.00
20	总装车间	何涛	工人	基本生产	4 050.00	0	750.00	5 000.00	9 800.00	307.20	76.80	19.20	460.80		864.00	0	8 936.00
21	总装车间	侯小华	工人	基本生产	3 850.00	0	750.00	5 000.00	9 600.00	294.40	73.60	18.40	441.60		828.00	0	8 772.00
22	总装车间	刘春华	工人	基本生产	4 050.00	0	750.00	5 000.00	9 800.00	307.20	76.80	19.20	460.80		864.00	0	8 936.00
23	总装车间	马海	工人	基本生产	4 050.00	0	750.00	5 000.00	9 800.00	307.20	76.80	19.20	460.80		864.00	0	8 936.00
24	总装车间	任凤梅	工人	基本生产	4 050.00	0	750.00	5 000.00	9 800.00	307.20	76.80	19.20	460.80		864.00	0	8 936.00
25	总装车间	宋丽华	工人	基本生产	3 850.00	0	750.00	5 000.00	9 600.00	294.40	73.60	18.40	441.60		828.00	0	8 772.00
26	总装车间	唐龙华	工人	基本生产	4 250.00	0	750.00	5 000.00	10 000.00	320.00	80.00	20.00	480.00		900.00	0	9 100.00
27	总装车间	王慧文	工人	基本生产	4 250.00	0	750.00	5 000.00	10 000.00	320.00	80.00	20.00	480.00		900.00	0	9 100.00
28	总装车间	魏海鑫	工人	基本生产	4 050.00	0	750.00	5 000.00	9 800.00	307.20	76.80	19.20	460.80		864.00	0	8 936.00
29	总装车间	徐佩	工人	基本生产	4 250.00	0	750.00	5 000.00	10 000.00	320.00	80.00	20.00	480.00		900.00	0	9 100.00
30	总装车间	杨俊	工人	基本生产	4 050.00	0	750.00	5 000.00	9 800.00	307.20	76.80	19.20	460.80		864.00	0	8 936.00
小计					103 500.00	0	16 200.00	105 000.00	224 700.00	7 660.80	1 915.20	478.80	11 491.20	0	21 546.00	540.51	202 613.49

序号	部门	姓名	岗位	类别	基本工资	奖金	岗位津贴	福利费（过节费）	应付工资	代扣工资						个人所得税	实发工资
										养老保险（8%）	医疗保险（2%）	失业保险（0.5%）	住房公积金（12%）	其他扣款	扣款小计		
31	涂装车间	吴洋阳	主任	车间管理	11 150.00	0	1 200.00	5 000.00	17 350.00	790.40	197.60	49.40	1 185.60		2 223.00	1 012.70	14 114.30
32	涂装车间	郭梅	工人	基本生产	6 650.00	0	750.00	5 000.00	12 400.00	473.60	118.40	29.60	710.40		1 332.00	0	11 068.00
33	涂装车间	罗瑜	工人	基本生产	6 850.00	0	750.00	5 000.00	12 600.00	486.40	121.60	30.40	729.60		1 368.00	0	11 232.00
34	涂装车间	姜博	工人	基本生产	4 950.00	0	750.00	5 000.00	10 700.00	364.80	91.20	22.80	547.20		1 026.00	32.64	9 641.36
35	涂装车间	刘笑笑	工人	基本生产	4 950.00	0	750.00	5 000.00	10 700.00	364.80	91.20	22.80	547.20		1 026.00	32.64	9 641.36
36	涂装车间	武天泽	工人	基本生产	4 750.00	0	750.00	5 000.00	10 500.00	352.00	88.00	22.00	528.00		990.00	0	9 510.00
37	涂装车间	龚庆	工人	基本生产	4 950.00	0	750.00	5 000.00	10 700.00	364.80	91.20	22.80	547.20		1 026.00	32.64	9 641.36
38	涂装车间	李大仁	工人	基本生产	4 450.00	0	750.00	5 000.00	10 200.00	332.80	83.20	20.80	499.20		936.00	0	9 264.00
39	涂装车间	王东	工人	基本生产	4 750.00	0	750.00	5 000.00	10 500.00	352.00	88.00	22.00	528.00		990.00	0	9 510.00
40	涂装车间	魏海坤	工人	基本生产	4 950.00	0	750.00	5 000.00	10 700.00	364.80	91.20	22.80	547.20		1 026.00	32.64	9 641.36
41	涂装车间	张凯南	工人	基本生产	4 950.00	0	750.00	5 000.00	10 700.00	364.80	91.20	22.80	547.20		1 026.00	32.64	9 641.36
42	涂装车间	马东	工人	基本生产	4 750.00	0	750.00	5 000.00	10 500.00	352.00	88.00	22.00	528.00		990.00	0	9 510.00
43	涂装车间	袁晓天	工人	基本生产	4 450.00	0	750.00	5 000.00	10 200.00	332.80	83.20	20.80	499.20		936.00	0	9 264.00
44	涂装车间	叶桦	工人	基本生产	4 950.00	0	750.00	5 000.00	10 700.00	364.80	91.20	22.80	547.20		1 026.00	32.64	9 641.36
45	涂装车间	陈松	工人	基本生产	4 950.00	0	750.00	5 000.00	10 700.00	364.80	91.20	22.80	547.20		1 026.00	32.64	9 641.36
46	涂装车间	章宝利	工人	基本生产	4 750.00	0	750.00	5 000.00	10 500.00	352.00	88.00	22.00	528.00		990.00	0	9 510.00
	小计				87 200.00	0	12 450.00	80 000.00	179 650.00	6 377.60	1 594.40	398.60	9 566.40	0	17 937.00	1 241.18	160 471.82
47	维修车间	葛青	主任	辅助生产	8 000.00	0	1 200.00	5 000.00	14 200.00	588.80	147.20	36.80	883.20		1 656.00	226.32	12 317.68

续表

序号	部门	姓名	岗位	类别	基本工资	奖金	岗位津贴	福利费（过节费）	应付工资	代扣工资						个人所得税	实发工资
										养老保险（8%）	医疗保险（2%）	失业保险（0.5%）	住房公积金（12%）	其他扣款	扣款小计		
48	维修车间	贺琴	工人	辅助生产	4 700.00	0	750.00	5 000.00	10 450.00	348.80	87.20	21.80	523.20	0	981.00	0	9 469.00
49	维修车间	肖迪	工人	辅助生产	7 800.00	0	750.00	5 000.00	13 550.00	547.20	136.80	34.20	820.80		1 539.00	0	12 011.00
50	维修车间	张川海	工人	辅助生产	5 250.00	0	750.00	5 000.00	11 000.00	384.00	96.00	24.00	576.00		1 080.00	121.20	9 798.80
		小计			25 750.00	0	3 450.00	20 000.00	49 200.00	1 868.80	467.20	116.80	2 803.20	0	5 256.00	347.52	43 596.48
51	采购部	徐小夏	经理	采购管理	9 000.00	0	1 200.00	5 000.00	15 200.00	652.80	163.20	40.80	979.20		1 836.00	160.92	13 203.08
52	采购部	周莉	采购员	采购	6 750.00	0	750.00	5 000.00	12 500.00	480.00	120.00	30.00	720.00		1 350.00	0	11 150.00
		小计			15 750.00	0	1 950.00	10 000.00	27 700.00	1 132.80	283.20	70.80	1 699.20	0	3 186.00	160.92	24 353.08
53	营销部	章露	经理	销售管理	11 000.00	175 150.00	1 200.00	5 000.00	192 350.00	780.80	195.20	48.80	1 171.20		2 196.00	258.28	166 895.72
54	营销部	张喜乐	销售员	销售	6 450.00	0	750.00	5 000.00	12 200.00	460.80	115.20	28.80	691.20		1 296.00	115.44	10 788.56
55	营销部	郭佳佳	销售员	销售	6 700.00	0	750.00	5 000.00	12 450.00	476.80	119.20	29.80	715.20		1 341.00	0	11 109.00
56	营销部	刘庆	销售员	销售	5 450.00	0	750.00	5 000.00	11 200.00	396.80	99.20	24.80	595.20		1 116.00	152.52	9 931.48
57	营销部	李华	销售员	销售	5 450.00	0	750.00	5 000.00	11 200.00	396.80	99.20	24.80	595.20		1 116.00	152.52	9 931.48
58	营销部	罗传银	销售员	销售	5 700.00	0	750.00	5 000.00	11 450.00	412.80	103.20	25.80	619.20		1 161.00	158.67	10 130.33
59	营销部	李飞	销售员	销售	5 450.00	0	750.00	5 000.00	11 200.00	396.80	99.20	24.80	595.20		1 116.00	0	10 084.00
		小计			46 200.00	175 150.00	5 700.00	35 000.00	262 050.00	3 321.60	830.40	207.60	4 982.40	0	9 342.00	837.43	228 870.57
60	仓储部	金信	经理	辅助生产	7 550.00	0	1 200.00	5 000.00	13 750.00	560.00	140.00	35.00	840.00		1 575.00	185.25	11 989.75
61	仓储部	付翔	库管	辅助生产	5 900.00	0	750.00	5 000.00	11 650.00	425.60	106.40	26.60	638.40		1 197.00	0	10 453.00
		小计			13 450.00	0	1 950.00	10 000.00	25 400.00	985.60	246.40	61.60	1 478.40	0	2 772.00	185.25	22 442.75
		合计			396 850.00	175 150.00	54 400.00	308 000.00	934 400.00	28 880.00	7 220.00	1 805.00	43 320.00	0	81 225.00	28 751.43	824 423.57

审核：李丽　　　　　　制表：伊正菁

社会保险费分配表

2020 年 12 月 31 日

应借账户		成本项目	缴费基数	计提比例				计提金额				合计
				养老	医疗	失业	工伤	养老	医疗	失业	工伤	
管理费用	总经办	社保	34 800.00	16%	9.80%	0.5%	0.2%	5 568.00	3 410.40	174.00	69.60	9 222.00
	财务部	社保	37 160.00	16%	9.80%	0.5%	0.2%	5 945.60	3 641.68	185.80	74.32	9 847.40
	人事部	社保	22 200.00	16%	9.80%	0.5%	0.2%	3 552.00	2 175.60	111.00	44.40	5 883.00
	采购部	社保	14 160.00	16%	9.80%	0.5%	0.2%	2 265.60	1 387.68	70.80	28.32	3 752.40
	仓储部	社保	12 320.00	16%	9.80%	0.5%	0.2%	1 971.20	1 207.36	61.60	24.64	3 264.80
	小计		120 640.00	16%	9.80%	0.5%	0.2%	19 302.40	11 822.72	603.20	241.28	31 969.60
销售费用	营销部	社保	41 520.00	16%	9.80%	0.5%	0.2%	6 643.20	4 068.96	207.60	83.04	11 002.80
	小计		41 520.00	16%	9.80%	0.5%	0.2%	6 643.20	4 068.96	207.60	83.04	11 002.80
基本生产成本	涂装车间	直接人工	69 840.00	16%	9.80%	0.5%	0.2%	11 174.40	6 844.32	349.20	139.68	18 507.60
	总装车间	直接人工	85 080.00	16%	9.80%	0.5%	0.2%	13 612.80	8 337.84	425.40	170.16	22 546.20
	小计		154 920.00	16%	9.80%	0.5%	0.2%	24 787.20	15 182.16	774.60	309.84	41 053.80
制造费用	涂装车间	人工费用	9 880.00	16%	9.80%	0.5%	0.2%	1 580.80	968.24	49.40	19.76	2 618.20
	总装车间	人工费用	10 680.00	16%	9.80%	0.5%	0.2%	1 708.80	1 046.64	53.40	21.36	2 830.20
	小计		20 560.00	16%	9.80%	0.5%	0.2%	3 289.60	2 014.88	102.80	41.12	5 448.40
辅助生产成本	维修车间	直接人工	23 360.00	16%	9.80%	0.5%	0.2%	3 737.60	2 289.28	116.80	46.72	6 190.40
	小计		23 360.00	16%	9.80%	0.5%	0.2%	3 737.60	2 289.28	116.80	46.72	6 190.40
合计			361 000.00	16%	9.80%	0.5%	0.2%	57 760.00	35 378.00	1 805.00	722.00	95 665.00

审核：李丽

制表：伊正菁

业务 56　2020 年 12 月 31 日，计提 12 月住房公积金，相关信息如单据 56 所示。

单据 56

住房公积金费用分配表

（2020 年 12 月）

应借账户		成本项目	缴费基数	计提比例	计提金额
管理费用	总经办	社保	34 800.00	12%	4 176.00
	财务部	社保	37 160.00	12%	4 459.20
	人事部	社保	22 200.00	12%	2 664.00
	采购部	社保	14 160.00	12%	1 699.20
	仓储部	社保	12 320.00	12%	1 478.40
	小计		120 640.00	12%	14 476.80
销售费用	营销部	社保	41 520.00	12%	4 982.40
	小计		41 520.00	12%	4 982.40
基本生产成本	涂装车间	直接人工	69 840.00	12%	8 380.80
	总装车间	直接人工	85 080.00	12%	10 209.60
	小计		154 920.00	12%	18 590.40
制造费用	涂装车间	人工费用	9 880.00	12%	1 185.60
	总装车间	人工费用	10 680.00	12%	1 281.60
	小计		20 560.00	12%	2 467.20
辅助生产成本	维修车间	直接人工	23 360.00	12%	2 803.20
	小计		23 360.00	12%	2 803.20
合计			361 000.00	12%	43 320.00

审核：李丽　　　　　　　　　　　　　　　　　　　　　制表：伊正青

业务 57 2020 年 12 月 31 日，计提 12 月工会经费及职工教育经费。相关信息如单据 57 所示。

单据 57

工会经费及职工教育经费分配表

2020 年 12 月

应借账户	成本项目	工资总额	计提比例		计提金额	
			工会经费	职工教育经费	工会经费	职工教育经费
管理费用	总经办	职工薪酬	43 500.00	2%	8%	870.00	3 480.00
	财务部	职工薪酬	46 450.00	2%	8%	929.00	3 716.00
	人事部	职工薪酬	27 750.00	2%	8%	555.00	2 220.00
	采购部	职工薪酬	17 700.00	2%	8%	354.00	1 416.00
	仓储部	职工薪酬	15 400.00	2%	8%	308.00	1 232.00
	小计		150 800.00	2%	8%	3 016.00	12 064.00
销售费用	营销部	职工薪酬	227 050.00	2%	8%	4 541.00	18 164.00
	小计		227 050.00	2%	8%	4 541.00	18 164.00
基本生产成本	涂装车间	职工薪酬	87 300.00	2%	8%	1 746.00	6 984.00
	总装车间	职工薪酬	106 350.00	2%	8%	2 127.00	8 508.00
	小计		193 650.00	2%	8%	3 873.00	15 492.00
制造费用	涂装车间	职工薪酬	12 350.00	2%	8%	247.00	988.00
	总装车间	职工薪酬	13 350.00	2%	8%	267.00	1 068.00
	小计		25 700.00	2%	8%	514.00	2 056.00
辅助生产成本	维修车间	职工薪酬	29 200.00	2%	8%	584.00	2 336.00
	小计		29 200.00	2%	8%	584.00	2 336.00
合计			626 400.00	2%	8%	12 528.00	50 112.00

审核：李丽　　　　　　　　　　　　　　　　　　　　　　制表：伊正青

业务58 2020 年 12 月 31 日，分摊电费。相关信息如单据 58-1～单据 58-2 所示。

单据 58-1

各部门用电量记录

2020 年 12 月

部门	耗用量／千瓦时
涂装车间	192 000
总装车间	204 000
维修车间	174 000
营销部门	7 000
管理部门	31 600
合计	608 600

记录人：马晓芝

单据 58-2

各部门电费分配表

2020 年 12 月

应借账户		成本项目	耗用量／千瓦时	单价	分配金额
制造费用	涂装车间	水电费	192 000	0.65	124 800.00
制造费用	总装车间	水电费	204 000	0.65	132 600.00
辅助生产成本	维修车间	水电费	174 000	0.65	113 100.00
销售费用		水电费	7 000	0.65	4 550.00
管理费用		水电费	31 600	0.65	20 540.00
合计			608 600	0.65	395 590.00

审核：李丽

制表：伊正青

业务 59 2020 年 12 月 31 日，分摊水费。相关信息如单据 59-1～单据 59-2 所示。

单据 59-1

各部门用水量记录

2020 年 12 月

部门	耗用量／吨
涂装车间	2 310
总装车间	1 320
维修车间	1 380
营销部门	100
管理部门	260
合计	5 370

记录人：马晓芝

单据 59-2

各部门水费分配表

2020 年 12 月

应借账户		成本项目	耗用量／吨	单价	分配金额
制造费用	涂装车间	水电费	2 310	8.00	18 480.00
制造费用	总装车间	水电费	1 320	8.00	10 560.00
辅助生产成本	维修车间	水电费	1 380	8.00	11 040.00
销售费用		水电费	100	8.00	800.00
管理费用		水电费	260	8.00	2 080.00
合计			5 370	8.00	42 960.00

审核：李丽　　　　　　　　　　　　　　　　　　制表：伊正青

业务 60 2020 年 12 月 31 日，分摊燃气费。相关信息如单据 60-1～单据 60-2 所示。

单据 60-1

各部门耗用燃气记录

2020 年 12 月

部门	耗用量 / 立方米
涂装车间	11 058
总装车间	7 440
维修车间	2 760
营销部门	400
管理部门	2 200
合计	23 858

记录人：马晓芝

单据 60-2

各部门燃气费分配表

2020 年 12 月

应借账户		成本项目	耗用量 / 吨	单价	分配金额
制造费用	涂装车间	水电费	11 058	3.50	38 703.00
制造费用	总装车间	水电费	7 440	3.50	26 040.00
辅助生产成本	维修车间	水电费	2 760	3.50	9 660.00
销售费用		水电费	400	3.50	1 400.00
管理费用		水电费	2 200	3.50	7 700.00
合计			23 858	3.50	83 503.00

审核：李丽 　　　　　　　　　　　　　　　　　　　制表：伊正青

业务 61　12 月 31 日，分摊维修车间辅助生产费用。相关信息如单据 61 所示。

单据 61

辅助生产费用分配表

2020 年 12 月

辅助生产车间名称			维修车间／工时	合计
待分配费用／元			214 137.4	
供应辅助生产车间以外单位的劳务量			1 000	
费用分配率			214.137 4	
制造费用	总装车间产品维修	耗用数量	100	
		分配金额	21 413.74	21 413.74
管理费用	涂装车间	耗用数量	250	
		分配金额	53 534.35	53 534.35
	总装车间	耗用数量	350	
		分配金额	74 948.09	74 948.09
	管理部门	耗用数量	200	
		分配金额	42 827.48	42 827.48
销售费用	营销部	耗用数量	100	
		分配金额	21 413.74	21 413.74
合计			214 137.4	214 137.4

审核：李丽　　　　　　　　　　　　　　　　　　　　　制表：伊正青

业务 62　12 月 31 日，分摊制造费用。相关信息如单据 62-1～单据 62-2 所示。

单据 62-1

制造费用分配表

车间：涂装车间

产品名称	生产工时	分配率	分配金额
黑色轿车	1 500	48.431 556	72 647.33
白色轿车	1 500	48.431 556	72 647.33
红色轿车	1 500	48.431 556	72 647.34
合计	4 500	48.431 556	217 942.00

审核：李丽　　　　　　　　　　　　　　　　　　　　　制表：伊正青

单据 62-2

制造费用分配表

车间：总装车间

产品名称	生产工时	分配率	分配金额
黑色轿车	2 000	38.61492 333	77 229.85
白色轿车	2 000	38.61492 333	77 229.85
红色轿车	2 000	38.61492 333	77 229.85
合计	6 000	38.61492 333	231 689.54

审核：李丽　　　　　　　　　　　　　　　　　　　　　　　　制表：伊正青

业务 63　2020 年 12 月 31 日，计算并结转完工产品成本。相关信息如单据 63-1～单据 63-7 所示。

单据 63-1

黑色涂装半成品成本计算单

项目	月初在产品		本月发生		本月完工半成品		月末产品	
	数量	成本	数量	成本	数量	成本	数量	在产品
直接材料		448 000.00		2 240 000.00		2 240 000.00		448 000.00
直接人工		7 020.61		70 206.13		70 206.13		7 020.61
制造费用		8 214.73		82 147.33		82 147.33		8 214.73
合计	40	463 235.34		2 392 353.46	200	2 392 353.46	40	463 235.35

备注：涂装车间三条生产线完工率均为50%；总装车间三条生产线完工率均为80%。

单据 63-2

白色涂装半成品成本计算单

项目	月初在产品		本月发生		本月完工半成品		月末产品	
	数量	成本	数量	成本	数量	成本	数量	在产品
直接材料		448 000.00		2 240 000.00		2 240 000.00		448 000.00
直接人工		7 020.61		70 206.13		70 206.13		7 020.61
制造费用		8 214.73		82 147.33		82 147.33		8 214.73
合计	40	463 235.34		2 392 353.46	200	2 392 353.46	40	463 235.35

单据 63-3

红色涂装半成品成本计算单

项目	月初在产品		本月发生		本月完工半成品		月末产品	
	数量	成本	数量	成本	数量	成本	数量	在产品
直接材料		448 000.00		2 240 000.01		2 240 000.01		448 000.00
直接人工		7 020.61		70 206.13		70 206.13		7 020.61
制造费用		8 214.73		82 147.34		82 147.34		8 214.73
合计	40	463 235.34		2 392 353.48	200	2 392 353.48	40	463 235.35

备注：红色涂装半成品存在尾数调整。

单据 63-4

完工产品入库单

仓库：1 号仓库

交库单位：总装车间　　　　　　2020 年 12 月　　　　　单据编号：WR20201230

产品名称	规格型号	单位	交付数量	入库数量	金额
长风牌小轿车	黑色	辆	200	200	
长风牌小轿车	白色	辆	200	200	
长风牌小轿车	红色	辆	200	200	
合计			60 000 000	60 000 000	

车间负责人：金信　　　　　　　检验：杨俊　　　　　　　　仓库：付翔

单据 63-5

总装车间完工产品计算单

产品：黑色

项目	直接材料	直接人工	制造费用	合计
月初在产品成本	1 963 900.00	15 662.81	23 084.25	2 002 647.06
本月加工费用	13 471 200.00	86 421.93	148 695.18	13 706 317.11
本月耗用半成品费用	2 240 000.00	70 206.13	82 147.33	2 392 353.46
成本合计	17 675 100.00	172 290.87	253 926.76	18 101 317.63
完工产品产量（辆）	200.00	200.00	200.00	200.00
完工产品成本	15 711 200.00	156 628.06	230 842.51	16 098 670.57
单位成本	78 556.00	783.14	1 154.21	80 493.35
期末在产品成本	1 963 900.00	15 662.81	23 084.25	2 002 647.06

单据 63-6

总装车间完工产品计算单

产品：白色

项目	直接材料	直接人工	制造费用	合计
月初在产品成本	1 963 900.00	15 662.81	23 084.25	2 002 647.06
本月加工费用	13 471 200.00	86 421.93	148 695.18	13 706 317.11
本月耗用半成品费用	2 240 000.00	70 206.13	82 147.33	2 392 353.46
成本合计	17 675 100.00	172 290.87	253 926.76	18 101 317.63
完工产品产量（辆）	200.00	200.00	200.00	200.00
完工产品成本	15 711 200.00	156 628.06	230 842.51	16 098 670.57
单位成本	78 556.00	783.14	1 154.21	80 493.35
期末在产品成本	1 963 900.00	15 662.81	23 084.25	2 002 647.06

单据 63-7

总装车间完工产品计算单

产品：红色

项目	直接材料	直接人工	制造费用	合计
月初在产品成本	1 963 900.00	15 662.81	23 084.25	2 002 647.06
本月加工费用	13 471 200.00	86 421.93	148 695.18	13 706 317.11
本月耗用半成品费用	2 240 000.00	70 206.13	82 147.33	2 392 353.46
成本合计	17 675 100.00	172 290.87	253 926.76	18 101 317.63
完工产品产量（辆）	200.00	200.00	200.00	200.00
完工产品成本	15 711 200.00	156 628.06	230 842.51	16 098 670.57
单位成本	78 556.00	783.14	1 154.21	80 493.35
期末在产品成本	1 963 900.00	15 662.81	23 084.25	2 002 647.06

业务 64 12 月 31 日，计提 12 月应交增值税。相关信息如单据 64 所示。

单据 64

应交增值税计算表

2020 年 12 月 1 日至 2020 年 12 月 31 日 单位：元

项目				应税销售额	税额
销项税额	应税货物（含视同销售）	货物名称	适用税率		
		小轿车	13%		
		退回小轿车	13%		
	处置固定资产		13%		
	小计				
进项税额	本期进项税额发生额				
	进项税额转出				
上期留抵税额					
应纳税额					
支付技术维护费应纳税额抵减额					
当期实际应纳增值税					

财务主管：李丽 制表：伊正青

注：请自行计算填写相关数据。

业务 65 12 月 31 日，计提 12 月应交消费税。相关信息如单据 65 所示。

单据 65

应交消费税计算表

2020 年 12 月 1 日至 2020 年 12 月 31 日 单位：元

货物名称	计税依据	适用税额（率）	应纳税额
小轿车		5%	
合计			

财务主管：李丽 制表：伊正青

注：请自行计算填写相关数据。

业务 66 12 月 31 日，计提 12 月应交城市维护建设税、教育费附加及地方教育附加。相关信息如单据 66 所示。

单据 66

应交城市维护建设税、教育费附加及地方教育附加计算表

2020 年 12 月 1 日至 2020 年 12 月 31 日　　　　　　单位：元

项目	计提基数			比例	计提金额
	应纳增值税	应纳消费税	合计		
城市维护建设税				7%	
教育费附加				3%	
地方教育附加				2%	
合计					

财务主管：李丽　　　　　　　　　　　　　　　　　　　制表：伊正青

注：请自行计算填写相关数据。

业务 67　12 月 31 日，计提 12 月应交印花税。相关信息如单据 67 所示。

单据 67

应交印花税计算表

2020 年 12 月 31 日　　　　　　单位：元

应税凭证	计税金额或件数	适用税率	核定金额	本期应纳税额
	1	2	3	5＝1×2＋3
购销合同		0.3‰		
加工承揽合同		0.5‰		
建设工程勘察设计合同		0.5‰		
建筑安装工程承包合同		0.3‰		
财产租赁合同		1‰		
货物运输合同		0.5‰		
仓储保管合同		1‰		
借款合同		0.05‰		
财产保险合同		1‰		
技术合同		0.3‰		
产权转移书据		0.5‰		
营业账簿（记载资金的账簿）		0.5‰	—	
权利、许可证照		5 元／件	—	
合计				

财务主管：李丽　　　　　　　　　　　　　　　　　　　制表：伊正青

注：① 本表只核算计入税金及附加的印花税，计入资产成本的印花税在相应业务中处理。

② 请自行计算填写相关数据。

业务68 12月31日，采用月末一次结转成本的方法，结转12月主营业务成本。相关信息如单据68-1~单据68-2所示。

单据68-1

产品出库汇总表

2020年12月　　　　　　　　　　　　　　附单据7张

产品名称	计量单位	出库数量	备注
白色小轿车	辆		
黑色小轿车	辆		
红色小轿车	辆		
合计			

财务主管：李丽　　　　　　　　　　　　　　制表：伊正青

注：请自行计算填写相关数据。

单据68-2

发出产品主营业务成本计算表

2020年12月31日

产品名称	月初结存数量	月初结存单位成本	本月入库数量	本月入库单位成本	本月发出数量	本月发出成本
白色小轿车						
黑色小轿车						
红色小轿车						
发出产品主营业务成本合计						

财务主管：李丽　　　　　　　　　　　　　　制表：伊正青

注：请自行计算填写相关数据。

业务69 12月31日，计提12月借款利息并支付并支付第四季度利息。相关信息如单据69-1~单据69-2所示。

单据69-1

12月应付利息计提表

类型	本金	利率	计息方式	当月利息	累计利息
短期借款	900 000.00	5.15%	月末计息，季末付息		
长期借款	1 700 000.00	5.55%	月末计息，季末付息		
长期借款	15 000 000.00	5.55%	一次性还本付息，不计复利		
合计					

注：请自行计算填写相关数据。

单据 69-2

中国工商银行　网上银行电子回单

电子回单号码：7111-3881-1112-1311　　　　　　　打印日期：2020 年 12 月 31 日

付款人	户　名	南京长风汽车有限责任公司	收款人	户　名	中国工商银行南京长风路支行
	账　号	6320100133334444666		账　号	65678932223556
	开户银行	中国工商银行南京长风路支行		开户银行	中国工商银行南京长风路支行

金额	￥35 175.00	金额（大写）	人民币叁万伍仟壹佰柒拾伍元整
摘要	支付利息	业务（产品）种类	非转账类交易
用途			

交易流水号	63167611	时间戳	2020-12-31.10.11533211

备注：

教学版

验证码：bFc88ykiopbjuRE72+d8dTumI8D=

记账网点	00221	记账柜员	55520	记账日期	2020 年 12 月 31 日

重要提示：

　　1. 如果您是收款方，请到工行网站 www.icbc.com.cn 电子回单验证处进行回单验证。2. 本回单不作为收款方发货依据，并请勿重复记账。3. 您可以选择发送邮件，将此电子回单发送给指定的接收人。

业务 70　计提第四季度房产税，已知南京市房产税减除幅度为 30%。相关信息如单据 70 所示。

单据 70

应交房产税计算表

2020 年 12 月 31 日　　　　　　　　　　单位：元

项目	房产原值	计税余值	适用税率	应交税额（季度）	备注
办公楼	7 560 000.00		1.2%		
厂房	17 424 000.00		1.2%		
仓库	22 272 000.00		1.2%		
季度税额合计					

审核：李丽　　　　　　　　　　　　　　　　　　　　　制单：伊正青

注：请自行计算填写相关数据。

业务 71 计提第四季度城镇土地使用税。相关信息如单据 71 所示。

单据 71

应交城镇土地使用税计算表

2020 年 12 月 31 日 单位：元

实际占用土地面积 / 平方米	适用税额	应交税额（季度）	备注
2 330 000.00	5 元（平方米 / 年）		
本季度应交税额合计			

审核：李丽 制单：伊正青

注：请自行计算填写相关数据。

业务 72 结转 12 月损益类账户发生额到本年利润。相关信息如单据 72 所示。

单据 72

2020 年 12 月企业经营情况统计表

项目	金额 / 元
主营业务收入	
其他业务收入	
主营业务成本	
其他业务成本	
税金及附加	
管理费用	
研发费用	
销售费用	
财务费用	
资产减值损失	
资产处置损益	
营业外收入	
营业外支出	0

审核：李丽 制表：伊正青

注：请自行计算填写相关数据。

业务 73 2020 年 12 月 31 日，计算当年应纳企业所得税并结转所得税费用。相关信息如单据 73 所示。

单据 73

<table>
<tr><td colspan="2" align="center">企业所得税应纳税额计算表</td></tr>
<tr><td align="center">项目</td><td align="center">本年数</td></tr>
<tr><td>一、营业收入</td><td align="center">923 055 000.00</td></tr>
<tr><td>减：营业成本</td><td align="center">470 072 100.00</td></tr>
<tr><td>　税金及附加</td><td align="center">111 532 675.52</td></tr>
<tr><td>　销售费用</td><td align="center">143 778 961.70</td></tr>
<tr><td>　管理费用</td><td align="center">137 014 292.60</td></tr>
<tr><td>　研发费用</td><td align="center"></td></tr>
<tr><td>　财务费用</td><td align="center">1 914 700.00</td></tr>
<tr><td>　　其中：利息费用</td><td align="center"></td></tr>
<tr><td>　　　利息收入</td><td align="center"></td></tr>
<tr><td>　资产减值损失</td><td align="center">1 050 000.00</td></tr>
<tr><td>　信用减值损失</td><td align="center"></td></tr>
<tr><td>加：其他收益</td><td align="center"></td></tr>
<tr><td>　投资收益（损失以"－"号填列）</td><td align="center"></td></tr>
<tr><td>　　其中：对联营企业和合营企业的投资收益）</td><td align="center"></td></tr>
<tr><td>　净敞口套期收益（损失以"－"号填列）</td><td align="center"></td></tr>
<tr><td>　公允价值变动收益（损失以"－"号填列）</td><td align="center"></td></tr>
<tr><td>　资产处置收益（损失以"－"号填列）</td><td align="center">203 400.00</td></tr>
<tr><td>二、营业利润（亏损以"－"号填列）</td><td align="center">57 895 670.18</td></tr>
<tr><td>加：营业外收入</td><td align="center">4 208 042.78</td></tr>
<tr><td>减：营业外支出</td><td align="center">5 580 000.00</td></tr>
<tr><td>三、利润总额（亏损总额以"－"号填列）</td><td align="center">56 523 712.96</td></tr>
<tr><td>加：纳税调整增加额</td><td align="center">1 862 863.34</td></tr>
<tr><td>减：纳税调整减少额</td><td align="center">3 766 000.00</td></tr>
<tr><td>减：以前年度亏损</td><td align="center"></td></tr>
<tr><td>四、应纳税所得额</td><td align="center">54 620 576.30</td></tr>
<tr><td>适用税率</td><td align="center">25%</td></tr>
<tr><td>五、应纳所得税额</td><td align="center">13 655 144.08</td></tr>
</table>

审核：李丽　　　　　　　　　　　　　　　　　　制表：伊正青

业务 74 年末，结转本年利润。

业务 75 年末，计提法定盈余公积及向股东分配利润。相关信息如单据 75 所示。

单据 75

2020 年度企业利润分配计算表

金额单位：元

利润分配项目	计提基数	分配比例	分配金额
提取法定盈余公积	42 868 568.88	10%	4 286 856.89
股东分配利润	42 868 568.88	50%	21 434 284.44
其中：南京长风汽车集团			
阳光房地产开发有限公司			
郭友贤			
本年新增留存收益			
合计			

审核：李丽　　　　　　　　　　　　　　　　　制表：伊正青

注：请自行计算填写相关数据。

业务 76 年末，结转利润分配有关明细账户。

业务 77 生成并审核资产负债表。

业务 78 生成并审核 12 月利润表。

业务 79 请根据南京长风汽车有限责任公司 2020 年 12 月经济业务填写增值税纳税申报表。

纳税申报处理

业务 80 请根据南京长风汽车有限责任公司 2020 年 12 月增值税纳税申报表填写情况，完成其增值税纳税申报表比对判断。

业务 81 请根据南京长风汽车有限责任公司 2020 年 12 月经济业务，完成其当月消费税纳税申报填写。

业务 82 请根据下述资料填制企业所得税预缴申报表。

南京长风汽车有限责任公司企业所得税选择按季据实预缴、年终汇算清缴的方式缴纳。2020 年第一季度至第三季度已预缴的企业所得税为 4 699 103.45 元。第三季度末从业人数为 55 人、资产总额为 10 913.73 万元，第四季度末从业人数为 61 人、资产总额为 27 599.63 万元。假定 2020 年南京长风汽车有限责任公司除以下情形外，不考虑其他纳税调整事项。

2020 年 8 月购进一批笔记本电脑、台式计算机、办公桌、办公椅、文件柜，并于当月投入使用，其原值分别为 450 000 元、486 000 元、36 000 元、12 000 元、12 000 元，符合《财政部　税务总局关于设备、器具扣除有关企业所得税政策的通知》（财税〔2018〕54 号）的规定，允许一次性计入当期成本费用在计算应纳税所得额时扣除。笔记本电脑和台式计算机在会计上采用直线法计提折旧，预计使用年限为 3 年，净残值为 0；办公桌、办公椅、文件柜在会计上采用直线法计提折旧，预计使用年限为 5 年，净残值为 0。

2020 年该公司损益账户资料如表 82-1 所示，金额单位元。

表 82-1　2020 年损益账户资料信息

南京长风汽车有限责任公司 单位：元

账户名称	前三季度	10 月—11 月	12 月	全年累计
主营业务收入	678 958 794.18	160 904 205.82	81 484 000.00	921 347 000.00
其他业务收入	1 708 000.00			1 708 000.00
主营业务成本	345 741 238.72	80 012 361.28	43 113 500.00	468 867 100.00
其他业务成本	1 205 000.00			1 205 000.00
税金及附加	84 755 453.87	18 830 191.97	7 947 029.68	111 532 675.52
管理费用	111 121 638.41	24 693 697.42	1 198 956.77	137 014 292.60
研发费用	0.00	0.00		
销售费用	115 159 057.71	25 590 901.71	3 029 002.28	143 778 961.70
财务费用	1 496 025.00	332 450.00	86 225.00	1 914 700.00
资产减值损失	286 363.64	63 636.36	700 000.00	1 050 000.00
资产处置损益	218 718.41	48 604.09	−63 922.50	203 400.00
营业外收入	2 053 262.27	456 280.51	1 698 500.00	4 208 042.78
营业外支出	4 377 583.73	972 796.38	229 619.89	5 580 000.00
会计利润	18 796 413.80	10 913 055.28	26 814 243.88	56 523 712.96
所得税费用	4 699 103.45			

业务 83　请根据南京长风汽车有限责任公司 2020 年 12 月员工薪资情况，完成其当月个人所得税扣缴纳税申报填写，请扫描二维码下载相关资料。

个税申报资料

业务84 请根据南京长风汽车有限责任公司2020年12月员工社会保险情况，完成其当月社会保险申报填写。请扫描二维码下载相关资料。

社保申报资料

🔔 **提示**

业务87、业务88、业务92、业务93所需要的Excel资料，请扫描二维码进行下载。

Excel资料包

业务85 财务人员安装Excel软件后，先对其进行设置，包括：

（1）打开新工作簿时，默认包含工作表数为1个；

（2）保存文件时，文件默认保存格式为"Excel 97—2003工作簿"版本；

（3）保存自动恢复信息时间间隔为15分钟；

（4）将页面设置功能按钮添加到快速访问工具栏上；

（5）将开发工具功能添加到功能选项卡上。

业务86 财务人员为制作工作表，制作"公司人员信息表"工作簿，该工作簿中有两张工作表，一张为"人员信息表"，另一张为"专项扣除金额备案表"，需要各部门人员填写表中内容。表格模板如图86-1和图86-2所示。

	A	B	C	D	E	F	G
1	员工编号	部门	姓名	岗位	职务	身份证号	联系电话
2							
3							

图86-1 人员信息表模版

	A	B	C	D	E	F
1	专项扣除项目	子女教育	住房租金	住房贷款利息	赡养老人	继续教育
2	支出金额报备					

图86-2 专项扣除金额备案表模版

要求：

（1）"人员信息表"中部门、岗位、职务以下拉菜单方式供填表人选择；身份证号及联系电话规定录入位数，其中身份证号18位，联系电话11位，录入前提示填表人注意录入位数，录入错误时，要求录入人员重新录入。

（2）在"人员信息表"中的姓名处设置禁止录入重复姓名限制。

（3）为"专项扣除金额备案表"中"支出金额报备"对应栏次所填列金额进行有效性设置，设置条件如表86-1所示。

表86-1　有效性设置要求

扣除项目	最高扣除限额（月/元）	验证要求		
		验证条件	最小金额	最大金额
住房贷款利息	1 000	可以录入整数或小数	0	1 000
赡养老人	2 000	可以录入整数或小数	0	2 000

（4）两个工作表均只允许录入人员填写标题对应栏次的内容，而不允许其对表格标题及栏目进行添加、删除或修改。

（5）"公司人员信息表"工作簿不允许录入人员添加、删除工作表，也不允许修改工作表名称。

（6）为该工作簿加密。

业务87　公司拟次年一季度采购计划，财务人员制作采购表，供应商有关资料扫描二维码获取。

要求：

（1）制作目录页，并录入供应商名录。

（2）为供应商目录页 A_1 单元格插入该供应商公司标志图片。

（3）利用超链接，使工作人员单击目录名称时，可链接到该供应商所对应的工作表。

业务88　将销售信息文本导入 Excel 工作簿，将工作簿命名为《销售信息表》，销售信息资料扫描二维码获取。

（1）按"订单编号"检查表中是否存在重复项，如有重复项目，则删除重复项；

（2）将日期列分成两列，其中一列为月份，另一列为日期，其中日期列不导入；

（3）将"发票代码"和"发票号码"两列合并为一列；

（4）按"合计金额"进行降序排序，金额相同时，按照"是否收款"进行降序排序；

（5）筛选出已收款，但未开票的企业；

（6）筛选出广西壮族自治区未收款客户，以及江苏省未开票的客户企业。

业务89　利用"销售信息表"工作簿，统计各省第二季度每个销售人员各月的销售累计金额，并按销售人员第二季度累计销售额的降序进行排序。

业务90　在"销售信息表"中建立新工作表，命名为"销售查询表"，表格模板如图90-1所示。

要求：在订单编号处录入订单编号，即可自动带出该订单对应的相关信息。

	A	B	C	D	F	G	H
1	销售查询表						
2	订单编号	销售日期	合计金额	合计税额	销售人员	是否收款	是否开具发票
3							

图 90-1　销售查询表模版

　　业务 91　在"销售信息表"工作簿中新建一个工作表，并利用函数计算章露在北京的销售合计金额和税额。

　　业务 92　财务人员利用"成本费用表"分析每季度成本费用支出占比情况，要求在一张饼图上展示 4 个季度的数据。"成本费用表"所需 Excel 资料请扫描二维码获取。

　　业务 93　财务人员利用"2020 年销售收入表"分析全年收入趋势，要求图表每次只展示六个月的数据趋势变化。"2020 年销售收入表"所需 Excel 资料请扫描二维码获取。

郑重声明

防伪查询说明

用户购书后刮开封底防伪涂层，利用手机微信等软件扫描二维码，会跳转至防伪查询网页，获得所购图书详细信息。用户也可将防伪二维码下的20位密码按从左到右、从上到下的顺序发送短信至106695881280，免费查询所购图书真伪。

反盗版短信举报

编辑短信"JB，图书名称，出版社，购买地点"发送至10669588128

防伪客服电话

（010）58582300

资源服务提示

1. 检索系统

授课教师如需获取本书配套教辅资源，请登录"高等教育出版社产品信息检索系统"（http://xuanshu.hep.com.cn/），搜索本书并下载资源。首次使用本系统的用户，请先注册并进行教师资格认证。

2. 在线课程

本书配套航天信息培训网校在线课程平台。欢迎访问http://www.htxxpx.com 了解详情或扫描右侧二维码。

航天信息培训网校在线课程

资源服务支持电话：010-58581854

邮箱：songchen@hep.com.cn

高教社高职会计教师交流及资源服务QQ群：708994051